新型职业农民培育系列教材

法律基础与农村法规

陈忠莲　陈二龙　朱礼财　主编

中国农业科学技术出版社

图书在版编目（CIP）数据

法律基础与农村法规 / 陈忠莲，陈二龙，朱礼财主编 .—北京：中国农业科学技术出版社，2017.7（2024.9重印）

ISBN 978－7－5116－3149－7

Ⅰ.①法… Ⅱ.①陈… ②陈… ③朱… Ⅲ.①法律－基本知识－中国 Ⅳ.①D920.4

中国版本图书馆 CIP 数据核字（2017）第 149357 号

责任编辑 崔改泵
责任校对 贾海霞

出 版 者 中国农业科学技术出版社
北京市中关村南大街 12 号 邮编：100081
电　　话 (010)82109194(编辑室) (010)82109702(发行部)
(010)82109709(读者服务部)
传　　真 (010)82106624
网　　址 http://www.castp.cn
经 销 者 各地新华书店
印 刷 者 鸿博睿特（天津）印刷科技有限公司
开　　本 880 mm×1 230 mm 1/32
印　　张 7
字　　数 195 千字
版　　次 2017 年 7 月第 1 版 2024 年 9 月第 9 次印刷
定　　价 29.80 元

#《法律基础与农村法规》

编　委　会

前　言

为了增加收入，越来越多的农民进城打工，逐渐形成了我国工业化、城镇化进程中的一支新型劳动大军。但由于经济状况、文化水平、法律素养等因素以及现有保护农民工权益体制的制约，农民工的权益受到限制和侵害的现象比较普遍。近年来社会学家和政策制定者们对保障农民工合法权益的问题进行了一些研究和探讨，但在立法上并没有一部专门保障农民工权益的法律。有的用人单位就利用自己的优势地位和没有保障农民工权益的专门性规定，不跟农民工签订劳动合同，借故拖欠、拒付、克扣农民工工资等。这不但侵犯了农民工的合法权益，还容易导致农民工在其合法权益受到侵害时寻求不到法律途径的救济，从而缺乏对法律的认识和丧失对法律的信仰。

农村经济是国民经济的重要组成部分，是国家经济发展的基础。提高农民的法律意识，有助于农民形成法律至上的观念，提高农民的法律素养；有利于增进农村法律实施效果，有利于促进我国社会主义法治的建设，是农村政治建设、文化建设的经济基础，也是提高农民法律素养和法律意识的物质基础和必要条件。

本教材如有疏漏之处，敬请广大读者批评指正。

编　者

目　录

上篇　法律基础知识

下篇　农村法规

上篇　法律基础知识

第一章　宪法与村民自治法的基本规定

第一节　国家的根本制度

国家制度，又称为国家体制，是宪法和法律所确认和规定的关于国家本质和形式的制度的总和。国家制度有广义和狭义之分，广义包括国家的阶级本质和国家形式，即国体与政体的制度，狭义的国家制度则只是指国家本质的制度，即国体。国家制度是随着国家的产生而形成的，一般来说，国家制度都规定在该国的宪法、法律和其他特别法中。

一、国家性质

国家性质，是指国家的阶级本质，反映社会各阶级在国家生活中的地位和作用。它决定着国家政权的组织形式和国家的结构形式，体现该国社会制度的根本属性，因此国家性质是国家制度的核心内容。

（一）我国实行社会主义制度

社会主义是我国国家性质最集中和最根本的体现，是区别于资本主义制度及其他类型国家制度的根本准则。

和资本主义制度相比，社会主义制度是以社会利益、国家利益和集体利益为本位，无论何时何地都最大限度地保护全体成员的利益。在这种制度的实行下，人民有共同的理想，即共产主义理想。社会主义制度下的财富是生产资料公有制，但不反对个人拥有财产，使得人民能够集中力量干大事。因此可以这样说，迄今为止，人类历史上最先进的一种制度就是社会主义制度。宪法指出，我国将长期处于社会主义初级阶段。

（二）我国是人民民主专政的社会主义国家

我国是工人阶级领导的、以工农联盟为基础的人民民主专政的社会主义国家。人民民主专政是指对人民实行民主，对敌人实行专政的国家政权，反映了社会各阶级在国家中的地位。

（三）民主和专政的有机结合

在人民内部实行民主，是实现对敌人专政的前提和基础，同时对敌人实行专政又是人民民主的有力保障，两者是辩证统一的关系。人民在不同的国家和同一国家的不同时期，有着不同的内容。在现阶段，中国人民的范围十分广泛，包括全体社会主义劳动者、拥护社会主义的爱国者和拥护祖国统一的爱国者。而敌人，在现阶段则是特指那些极少数敌视和破坏我国社会主义制度的国内外敌对势力和敌对分子。

（四）统一战线与中国人民政治协商会议

统一战线是由中国共产党领导的，是我国革命和建设胜利的重要法宝之一，不同的时期它有不同的任务。在现阶段，中国的统一战线已经发展成为爱国统一战线，有各民主党派和各人民团体参加的，包括全体社会主义劳动者、拥护社会主义的爱国者和拥护祖国统一的爱国者的广泛的政治联盟。

二、国家机构概述

根据行使职权的地域范围不同，我国的国家机构可以分为中央国家机构和地方国家机构两种，中央国家机构是国家机构重要的组成部分。现阶段，我国的中央国家机构分为六大部分，即国家权力机关、国家主席、国家行政机关、国家军事机关、国家审判机关、国家检察机关。

（一）国家权力机关

国家权力机关。全国人民代表大会是中华人民共和国的最高权力机关，其常设机关是全国人民代表大会常务委员会。共同行使国家立法权，决定国家生活中的重大问题。全国人民代表大会的人员是由省、自治区、直辖市、特别行政区和军队选出的代表组成，每个少数民族都应该有适当名额的代表。全国人民代表大会每届任期五年，每年都会举行一次会议，在闭会期间，其常设机关常务委员会来行使国家权力，常务委员会的成员由委员长、副委员长、秘书长和委员组成。

地方各级人民代表大会和地方各级人民政府，是地方国家权力机关，其权力只限于本行政区域之内，省、自治区、直辖市一级人民代表大会还有权力制定地方性法规。地方各级人民代表大会及其常务委员会对上一级国家行政机关负责并报告工作，管理本行政区域内的各项行政工作。

（二）中华人民共和国主席

中华人民共和国主席、副主席由全国人民代表大会选举产生，对国家主席的要求是具有选举和被选举权，年满45周岁的中华人民共和国公民。国家主席可以根据全国人民代表大会及其常务委员会的决定，公布法律，对国务院组成人员进行任免，授予国家勋章和荣誉称号，发布特赦令，代表国家接见外国使节等。我国现阶段的国家主席是习近平。

（三）国家行政机关

在我国，国家行政机关是指中华人民共和国国务院。

中华人民共和国国务院，即中央人民政府，是最高国家权力机关的执行机关和行政机关。国务院执行全国人民代表大会及其常务委员会制定的法律和通过的决议，对其负责并报告工作。此外，国务院有权在它的职权范围之内规定行政措施，制定行政法规，发布决定和命令。

（四）中央军事委员会

中央军事委员会是国家的军事最高领导机关，它统率全国的武装力量，包括人民解放军、武装警察部队和民兵，由主席、副主席及委员组成。在我国，中央军事委员会实行"主席负责制"，中央军事委员会对全国人民代表大会及其常务委员会负责。

（五）国家审判机关

中华人民共和国的审判机关包括最高人民法院、地方各级人民法院和专门人民法院，国家设立最高人民法院，各省、自治区和直辖市则设有高级人民法院，再往下一级就是中级人民法院和基层人民法院。最高人民法院是最高审判机关，对全国人民代表大会及其常务委员会负责，监督地方各级人民法院和军事法院等专门人民法院的审判工作，上级人民法院监督下级人民法院的审判工作。

人民法院审理案件时，除了涉及国家机密、个人隐私和未成年人犯罪案件外，一律必须公开进行。

（六）国家检察机关

人民检察院，包括最高人民检察院、地方各级人民检察院和专门人民检察院，中华人民共和国人民检察院是国家的法律监督机关。人民检察院的设置是同人民法院相对应的，国家设立最高人民检察院，是最高检察机关，地方设立各级人民检察院和军事检察院等专门人民检察院。最高人民检察院领导地方各级人民检察院和专门人民检察院的工作，上级人民检察院领导下级人民检察院的工作。

人民检察院依照法律独立行使检察权，不受行政机关、社会团体和个人的干涉，对于任何公民，在适用法律上都是一律平等的。

三、人民代表大会制度

《中华人民共和国宪法》（以下简称宪法）规定：中华人民共和国的一切权力属于人民。人民行使国家权力的机关是全国人民代表大会和地方各级人民代表大会。人民代表大会制度是我国的根本政治制度。社会主义民主的本质是人民当家做主。国家的一切权力属于人民，这是我国国家制度的核心内容和根本准则。人民代表大会制度是体现我国“一切权力属于人民”这一社会主义民主实质的根本制度，是人民行使国家权力的根本途径和形式，是人民把国家的、民族的和自己的命运最终掌握在自己手中，维护人民根本利益的可靠保证。

人民代表大会制度与选举制度紧密联系，我国选举制度实行以下原则。

（1）选举权的普遍原则。即凡年满 18 周岁的中国公民，不分民族、种族、性别、职业、社会出身、宗教信仰、教育程度、财产状况和居住期限，除依法被剥夺政治权利的人外，一律享有选举权和被选举权。

（2）选举的平等原则。一切公民都以平等的地位参加选举，每个公民在一次投票中只有一个投票权。

（3）直接选举和间接选举并用的原则。直接选举是指由公民投票直接选出候选人；间接选举是指由公民选出代表，再由代表选举候选人。我国不设区的市、市辖区、乡、民族乡、镇以及县、自治县人大代表实行直接选举；县级以上各级人大代表实行间接选举。

（4）秘密投票原则。

（5）差额选举原则。即候选人的人数多于应选的人数。

四、基本经济制度

经济制度是指一国通过宪法和法律调整以生产资料所有制形式为核心的各种基本经济关系的规则、原则和政策的总和。我国 1999 年通过的宪法修正案规定：“国家在社会主义初级阶段，坚持公有制为主体、多种所有制经济共同发展的基本经济制度，坚持按劳分配为主体、多种分配方式并存的分配制度。”

1. 社会主义公有制是我国经济制度的基础

我国宪法修正案规定：“中华人民共和国的社会主义经济制度的基础是生产资料的社会主义公有制，即全民所有制和劳动群众集体所有制。”全民所有制和劳动群众集体所有制是我国社会主义公有制的两种基本形式。全民所有制经济即国有经济是国民经济中的主导力量，控制着国家的经济命脉，决定着国民经济的社会主义性质，我国宪法规定，“国家保障国有经济的巩固和发展”；集体所有制经济是我国社会主义公有制的重要组成部分，我国宪法规定：“国家保护城乡集体经济组织的合法的权利和利益，鼓励、指导和帮助集体经济的发展。”

2. 非公有制经济是社会主义市场经济的重要组成部分

宪法修正案规定：“国家保护个体经济、私营经济等非公有制经济的合法的权利和利益。国家鼓励、支持和引导非公有制经济的发展，并对非公有制经济依法实行监督和管理。”

第二节　公民基本权利与义务

一、我国公民的基本权利

（一）平等权

《宪法》第三十三条规定：“中华人民共和国公民在法律面前一律平等。任何公民享有宪法和法律规定的权利，同时必须履行宪法和法律规定的义务。”

（二）政治权利和自由

《宪法》第三十四条规定：“年满 18 周岁的中华人民共和国公民，不分民族、种族、性别、职业、家庭出身、宗教信仰、教育程度、财产状况、居住期限，都有选举权和被选举权；但是依照法律被剥夺政治权利的人除外。”公民有言论、出版、集会、结社、游行、示威的自由。公民对任何国家机关和国家工作人员，有提出批评和建议的权利；对于任何国家机关和国家工作人员的违法失职行为，有向有关国家机关提出申诉、控告、检举的权利。公民权利受到国家机关和国家工作人员侵犯而受到损失的人，有依照法律规定取得赔偿的权利。

（三）宗教信仰自由

《宪法》保障公民有宗教信仰的自由。国家保护正常的宗教活动。任何人不得利用宗教进行破坏社会秩序、损害公民身体健康、妨碍国家进行教育制度的活动。依照宪法精神和相关法律规定，任何人都不得打着宗教信仰自由的旗号组织和参加邪教组织。

（四）人身自由

《宪法》第三十七条规定：“公民的人身自由不受侵犯。任何公民，非经人民检察院批准或决定或人民法院决定，并由公安机关执行，不受逮捕。禁止非法拘禁和以其他方法非法剥夺或限制公民的人身自由，禁止非法搜查公民的身体。”公民的人格尊严不受侵犯。禁止用任何方法对公民进行侮辱、诽谤和诬告陷害。公民的住宅不受侵犯。禁止非法搜查或非法侵入公民的住宅。公民的通信自由和通信秘密受法律的保护。除因国家安全或追查刑事犯罪的需要，由公安机关或检察机关依照法律规定的程序对通信进行检查外，任何组织或个人不得以任何理由侵犯公民的通信自由和通信秘密。

（五）经济、社会、文化方面的权利

《宪法》保障公民的合法的收入、储蓄、房屋和其他合法财产的所有权以及公民的私有财产继承权。公民有劳动的权利。劳动者有休息的权利。国家发展劳动者休息和休养的设施，规定职工的工作时间和休假制度。国家依照法律规定实行企业事业组织的职工和国家机关工作人员的退休制度。退休人员的生活受到国家和社会的

保障。公民在年老、疾病或者丧失劳动能力的情况下，有从国家和社会获得物质帮助的权利。国家发展为公民享受这些权利所需要的社会保险、社会救济和医疗卫生事业。公民有受教育的权利，有进行科学研究、文学艺术创作和其他文化活动的自由。

（六）特定主体的权利

我国《宪法》规定，妇女在政治的、经济的、文化的、社会的和家庭的生活等各方面享有同男子平等的权利。婚姻、家庭、母亲和儿童受国家的保护。保护华侨的正当的权利和利益，保护归侨和侨眷的合法的权利和利益。随着社会的发展，我国《宪法》所确认和保障的公民基本权利的范围将会越来越广泛。

二、我国公民的基本义务

（一）维护国家统一和全国各民族团结的义务

这是我国公民必须履行的基本义务之一。国家统一和各民族团结是国家繁荣、民族昌盛的重要标志。国家的统一和全国各民族的团结，是建设有中国特色社会主义事业取得胜利的基本保证，也是实现公民基本权利的保证。全体公民必须自觉履行这一义务，坚决反对任何分裂国家和破坏民族团结的行为，并坚决同破坏国家统一和民族团结的行为作斗争。

（二）遵守宪法和法律，尊重社会公德的义务

我国《宪法》第五十三条规定："中华人民共和国公民必须遵守宪法和法律，保守国家秘密，爱护公共财产，遵守劳动纪律，遵守公共秩序，尊重社会公德。"遵守宪法和法律是公民最基本和最起码的义务；保守国家秘密，爱护公共财产，遵守劳动纪律，遵守公共秩序，尊重社会公德，是公民遵守宪法和法律义务在不同社会领域的具体表现。

我国公民必须遵守宪法和法律。宪法是国家的根本大法，具有最高的法律效力。全国各族人民、一切国家机关和武装力量、各政

党和各社会团体、各企事业组织，都必须以宪法为根本活动准则，并且负有维护宪法尊严、保证宪法实施的职责。我国公民必须保守国家秘密。国家秘密关系到国家的安全和利益，泄露国家秘密必然给国家和社会造成重大损失，侵害人民的利益。因此宪法规定公民有保守国家秘密的义务。爱护公共财产、遵守劳动纪律、遵守公共秩序、尊重社会公德对于国家的利益、对于国家的经济发展和社会秩序的稳定具有重要的意义。

总之，我国宪法和法律是工人阶级领导的广大人民群众共同意志和利益的集中体现和反映，遵守宪法和法律就是尊重人民的意志，维护人民的利益；尊重社会公德，是社会主义精神文明的重要内容，是维护社会安定团结的需要。

因此，每个公民都应自觉遵守宪法、法律和社会公德，与一切违反宪法和法律、破坏社会公德的行为作斗争。

（三）维护祖国安全、荣誉和利益

我国《宪法》第五十四条规定："中华人民共和国公民有维护祖国的安全、荣誉和利益的义务，不得有危害祖国的安全、荣誉和利益的行为。"这是保障社会主义现代化建设和改革开放顺利进行的需要，任何公民不得为一己私利或小集团的利益而有损国家的安全、荣誉和利益。如果危害国家安全，给国家利益造成损害，要依法追究其刑事责任。

（四）保卫祖国，抵抗侵略，依法服兵役和参加民兵组织

保卫祖国，抵抗侵略是每一个公民应尽的职责，也是维护国家独立和安全的需要，是保卫社会主义现代化建设、保卫人民幸福生活的需要。所以，每一个公民都必须自觉地依法履行这一光荣义务和神圣职责。

保卫祖国必须有一支强大的人民武装力量，因此服兵役和参加民兵组织是公民保卫祖国、维护国家安全的实际行动。我国《兵役法》第三条第一款规定："中华人民共和国公民，不分民族、种族、性别、职业、家庭出身、宗教信仰和教育程度，都有义务依照本法的规定服兵役。”

(五) 依法纳税

税收是国家建设资金的重要来源，也是国家财政收入的重要来源之一。它“取之于民，用之于民”。公民依法纳税，对于增加国家财政收入，保证国家经济建设资金的需要，改善和提高人民生活都具有重要意义。每个公民都应自觉遵守和执行国家税收法规和政策，与偷税、漏税、抗税的违法行为作斗争，以维护国家的利益。

第三节　村民自治法律制度

一、村民自治法律制度概述

1998 年 11 月全国人民代表大会常务委员会通过了《村民委员会自治法》，并且于 2010 年 10 月进行了修订。《村民委员会自治法》的宗旨是：保障农村村民实行自治，由村民依法办理自己的事情，发展农村基层民主，维护村民的合法权益，促进社会主义新农村建设。

在民主选举中，通过无记名投票的直接选举，把选举产生和罢免村干部的权利，真正交到了广大农民群众手中，实现了农民选举上的自主权；在民主决策中，广大农民和村干部一起讨论决定涉及村民利益的大事，实现了农民群众对重大村务的决策权；在民主管理中，让村民直接参与和管理村内事务，实现了农民群众对日常村务的参与权；在民主监督中，实行村务公开，农民有权监督村委会工作和村干部的行为，实现了农民群众的知情权和评议权。

二、村民委员会的地位、设立和职责

(一) 村民委员会的地位

村民自治是广大农民直接行使民主权利，依法办理自己的事

情，实行自我管理、自我教育、自我服务的一项基本制度。村民委员会是村民自我管理、自我教育、自我服务的基层群众性自治组织。村民自治制度的基本内容和核心，是“四个民主”，实行民主选举、民主决策、民主管理、民主监督。

村民委员会办理本村的公共事务和公益事业，调解民间纠纷，协助维护社会治安，向人民政府反映村民的意见、要求和提出建议。

村民委员会向村民会议、村民代表会议负责并报告工作。

（二）村民委员会的设立

村民委员会根据村民居住状况、人口多少，按照便于群众自治、有利于经济发展和社会管理的原则设立。村民委员会的设立、撤销、范围调整，由乡、民族乡、镇的人民政府提出，经村民会议讨论同意，报县级人民政府批准。

村民委员会可以根据村民居住状况、集体土地所有权关系等分设若干村民小组。中国共产党在农村的基层组织，按照《中国共产党章程》进行工作，发挥领导核心作用，领导和支持村民委员会行使职权；依照宪法和法律，支持和保障村民开展自治活动、直接行使民主权利。

乡、民族乡、镇的人民政府对村民委员会的工作给予指导、支持和帮助，但是不得干预依法属于村民自治范围内的事项。村民委员会协助乡、民族乡、镇的人民政府开展工作。

（三）村民委员会的组成

村民委员会由主任、副主任和委员共3～7人组成。

村民委员会成员中，应当有妇女成员，多民族村民居住的村应当有人数较少民族的成员。

根据工作情况，对村民委员会成员给予适当补贴。

村民委员会根据需要设人民调解、治安保卫、公共卫生与计划生育等委员会。村民委员会成员可以兼任下属委员会的成员。人口少的村的村民委员会可以不设下属委员会，由村民委员会成员分工负责人民调解、治安保卫、公共卫生与计划生育等工作。

（四）村民委员会的职责

1. 促进农村生产建设和经济发展责任

村民委员会应当支持和组织村民依法发展各种形式的合作经济和其他经济，承担本村生产的服务和协调工作，促进农村生产建设和经济发展。

2. 保护和改善农村生态环境责任

村民委员会依照法律规定，管理本村属于村农民集体所有的土地和其他财产，引导村民合理利用自然资源，保护和改善生态环境。

3. 保障农村集体经济和村民合法权益责任

村民委员会应当尊重并支持集体经济组织依法独立进行经济活动的自主权，维护以家庭承包经营为基础、统分结合的双层经营体制，保障集体经济组织和村民、承包经营户、联户或者合伙人的合法财产权和其他合法权益。

4. 法制宣传和促进农村精神文明建设责任

村民委员会应当宣传宪法、法律、法规和国家的政策，教育和推动村民履行法律规定的义务、爱护公共财产，维护村民的合法权益，发展文化教育，普及科技知识，促进男女平等，做好计划生育工作，促进村与村之间的团结、互助，开展多种形式的社会主义精神文明建设活动。

5. 推动农村社区建设和促进村民团结互助的责任

村民委员会应当支持服务性、公益性、互助性社会组织依法开展活动，推动农村社区建设。多民族村民居住的村，村民委员会应当教育和引导各民族村民增进团结、互相尊重、互相帮助。

6. 带头守法守纪、接受村民监督责任

村民委员会及其成员应当遵守宪法、法律、法规和国家的政策，遵守并组织实施村民自治章程、村规民约，执行村民会议、村民代表会议的决定、决议，办事公道，廉洁奉公，热心为村民服务，接受村民监督。

（五）村委会的村务公开制度

村民委员会实行村务公开制度。村民委员会应当及时公布下列事项，接受村民的监督：

（1）依法由村民会议、村民代表会议讨论决定的事项及其实施情况。

（2）国家计划生育政策的落实方案。

（3）政府拨付和接受社会捐赠的救灾救助、补贴补助等资金、物资的管理使用情况。

（4）村民委员会协助人民政府开展工作的情况。

（5）涉及本村村民利益，村民普遍关心的其他事项。

上述规定事项中，一般事项至少每季度公布一次；集体财务往来较多的，财务收支情况应当每月公布一次；涉及村民利益的重大事项应当随时公布。

村民委员会应当保证所公布事项的真实性，并接受村民的查询。

村民委员会不及时公布应当公布的事项或者公布的事项不真实的，村民有权向乡、民族乡、镇的人民政府或者县级人民政府及其有关主管部门反映，有关人民政府或者主管部门应当负责调查核实，责令依法公布；经查证确有违法行为的，有关人员应当依法承担责任。

三、村民会议与村民代表会议的职权

为落实民主决策制度，涉及村民重大利益的事项必须由村民会议或村民代表会议决定。

（一）村民会议讨论决定的事项

下列事项，须经村民会议讨论决定方可办理。

（1）本村享受误工补贴的人员及补贴标准。

（2）从村集体经济所得收益的使用。

（3）本村公益事业的兴办和筹资筹劳方案及建设承包方案。

（4）土地承包经营方案。

（5）村集体经济项目的立项、承包方案。

（6）宅基地的使用方案。

（7）征地补偿费的使用、分配方案。

（8）以借贷、租赁或者其他方式处分村集体财产。

（9）村民会议认为应当由村民会议讨论决定的涉及村民利益的其他事项。

村民会议可以授权村民代表会议讨论决定前款规定的事项。法律对讨论决定村集体经济组织财产和成员权益的事项另有规定的，依照其规定。

（二）村民代表会议

人数较多或者居住分散的村，可以设立村民代表会议，讨论决定村民会议授权的事项。村民代表会议由村民委员会成员和村民代表组成，村民代表应当占村民代表会议组成人员的 4/5 以上，妇女村民代表应当占村民代表会议组成人员的 1/3 以上。

村民代表由村民按每 5～15 户推选 1 人，或者由各村民小组推选若干人。村民代表的任期与村民委员会的任期相同。村民代表可以连选连任。

村民代表应当向其推选户或者村民小组负责，接受村民监督。

村民代表会议由村民委员会召集。村民代表会议每季度召开一次。有 1/5 以上的村民代表提议，应当召集村民代表会议。村民代表会议有 2/3 以上的组成人员参加方可召开，所作决定应当经到会人员的过半数同意。

四、村民合法权益受到侵害的救济

某村民听说省里下发给本村一笔扶贫资金，共计 30 万元，但村民们一直被蒙在鼓里，既没有村干部向他们传达省里对扶贫款使用的规定办法，更没有人将扶贫款落实发放给村民。听说村委会开会决定将这笔资金用于行政经费和补发工资，村民们很愤慨，但不知如何去维护自己的权益？

【评析】

这是一起村委会的决定侵犯村民合法权益的事件。扶贫款的使用应严格按照相应的条件执行，在程序上也需要严格按规定办理。如果村委会违背规定的条件和程序，擅自作出决定处理相应的扶贫款，侵害村民的合法权益，村民们可以申请人民法院予以撤销村委会的决定。

《村民委员会自治法》第三十六条规定：村民委员会或者村民委员会成员作出的决定侵害村民合法权益的，受侵害的村民可以申请人民法院予以撤销，责任人依法承担法律责任。村民委员会不依照法律、法规的规定履行法定义务的，由乡、民族乡、镇的人民政府责令改正。

第二章　犯罪及其法律后果

第一节　犯罪及其法律后果

随着社会经济的不断发展，社会环境和社会问题日益复杂化，犯罪率也呈上升趋势，新型农民亟须通过学法，进而达到懂法用法，自觉守法，以预防犯罪，维护自己的合法权益。

16 岁的少年陈某将与其家有过节的 13 岁小孩张某杀害并勒索被害者家人 20 万元；初中生徐某为与另一学生团伙“抗衡”，竟购买枪支；17 岁少年小民为偷钱上网，竟残忍地砍死奶奶，并砍伤爷爷。青少年本是天真无邪的，如此骇人听闻、丧失人性的案例，给家庭教育和学校教育以及社会教育敲响了警钟。

一、犯罪的概念和特征

犯罪是阶级社会特有的一种社会现象，不同阶级性质的国家对犯罪的界定是不同的。我国现行《中华人民共和国刑法》（以下简称《刑法》）第十三条规定：“一切危害国家主权、领土完整和安全，分裂国家、颠覆人民民主专政的政权和推翻社会主义制度，破坏社会秩序和经济秩序，侵犯国有财产或者劳动群众集体所有的财产，侵犯公民私人所有的财产，侵犯公民人身权利、民主权利和其他权利，以及其他危害社会的行为，依照法律应当受刑罚处罚的，都是犯罪，但是情节显著轻微危害不大的，不认为是犯罪。”这一定义准确地概括了犯罪是一种危害社会，触犯刑法，应当受到刑罚处罚的行为。犯罪具有以下特征。

（一）犯罪是具有社会危害性的行为

社会危害性，是指犯罪行为给国家和人民的利益已经造成实际损害或者有可能造成实际损害的危险，这是犯罪的本质特征。某些人的思想无论是如何有害或多么反动，如果还没有转化为有危害社会的行为，均不得认为是犯罪。因此，是否具有社会危害性，是区分罪与非罪的关键所在。

（二）犯罪是具有刑事违法性的行为

刑事违法性，是指危害社会行为的危害必须达到刑法所明文禁止的程度，这是犯罪的法律特征。危害社会的行为是刑事违法性的基础，刑事违法性是社会危害性在刑法上的表现。只有当行为不仅具有社会危害性，而且具有刑事违法性时，才能被认定为犯罪。因此，不能把犯罪行为同一般违法行为混为一谈，更不能把犯罪行为同仅仅违反社会主义道德的行为混同起来。

（三）犯罪是具有刑事惩罚性的行为

刑事惩罚性，是指严重危害社会的行为必须是达到刑法明文规定应该给予刑事制裁的行为，这是犯罪的重要特征。

某些行为在客观上虽然造成了损害后果，但不是出于故意或过失，而是由于不能抗拒或者不能预见的原因所引起的，一律不得认为是犯罪。其行为在客观上所造成不应有的损害后果，应依照民法规定作适当处理。

二、犯罪的构成

犯罪的构成即犯罪成立的一般条件，是指刑法规定的，说明行为的社会危害性及其程度，而为成立犯罪所必须具备的主客观要件的统一体。其中的“要件”，是指必要条件。根据刑法理论，任何犯罪的成立，都必须具备犯罪客体要件、犯罪客观要件、犯罪主体要件与犯罪主观要件。

犯罪主体指实施了危害社会的行为、依法应当承担刑事责任的自然人和单位；犯罪主观方面指犯罪主体对自己实施的危害行为及其危害社会的结果所持有的心理态度，它包括犯罪故意和犯罪过失等；犯罪客体，指我国刑法所保护的而为犯罪行为所危害的社会关系；犯罪客观方面，指刑法规定的构成犯罪在客观上需要具备的诸种要件的总称，具体表现为危害行为、危害结果等。

三、犯罪的停止状态

犯罪的预备、未遂和中止在刑法上通常被称为犯罪的停止状态，它是指故意犯罪在其发生、发展和完成过程中，因主客观原因而停止下来的各种犯罪状态。

四、犯罪的停止形态

犯罪的停止形态，是指故意犯罪在其发生、发展和完成犯罪的过程及阶段中，因主客观原因而停止下来的各种犯罪状态，包括既遂、预备、未遂、中止形态。

(1) 犯罪既遂形态，是故意犯罪的完成形态，是指行为人所故意实施的行为已经具备了某种犯罪构成的全部要件。对于既遂犯，我国刑法要求根据其所犯之罪，在刑法总则一般原则的指导基础上，直接按照刑法分则具体犯罪条文规定的法定刑幅度予以刑罚处罚。

(2) 犯罪预备形态，是故意犯罪过程中未完成犯罪的一种停止状态，是指行为人为实施犯罪而开始创造条件的行为，由于行为人意志以外的原因而未能着手犯罪实行行为的犯罪停止形态。

(3) 犯罪未遂形态，是指行为人已经着手实施具体犯罪构成的实行行为，由于其意志以外的原因而未能完成犯罪的一种犯罪停止形态。

(4) 犯罪中止形态，是指在犯罪过程中，行为人自动放弃犯罪或者自动有效地防止犯罪结果发生，而未完成犯罪的一种犯罪停止形态。犯罪中止形态有两种类型：即自动放弃犯罪的犯罪中止、自动有效地防止犯罪结果发生的犯罪中止。

五、共同犯罪

（一）共同犯罪的概念和构成

共同犯罪，是指二人以上共同故意犯罪。在通常情况下，共同犯罪是有组织、有计划地进行犯罪，其社会危害性很大，历来是我国刑法打击的重点。构成共同犯罪，必须具备下列条件：其主观条件是共同犯罪必须是二人以上有共同的故意；其客观条件是共同犯罪必须是二人以上有共同的犯罪行为。构成共同犯罪必须主客观条件同时具备，如果犯罪人之间虽有共同故意，但无共同行为，或者各个犯罪人之间的行为在客观上存在联系，但在主观上无共同故意，都不能成立共同犯罪。需要注意的是，二人以上共同过失犯罪，不能以共同犯罪论处。例如，甲、乙二人在一天晚上一起去偷一辆汽车油箱里的汽油，因为天黑，甲划着火柴，乙打开油箱，结果引起油箱着火爆炸，烧毁了整个汽车和运载的货物，损失达 20 余万元。甲、乙二人的过失行为，共同造成了严重的危害结果，但由于他们在主观上没有共同犯罪的故意，因此，不构成共同犯罪。

按照共同犯罪人之间纠合的疏密程度，可将共同犯罪分为一般共同犯罪和犯罪集团两种形式。一般共同犯罪，是指二人以上为实施特定犯罪而事前或临时结合的无特殊组织形式的共同犯罪，犯罪完成后，各共同犯罪人随即各自离去。犯罪集团，是指三人以上为共同实施犯罪而组成的较为固定的犯罪组织。犯罪集团具有以下特征：主体必须是由三人以上组成；具有一定的组织性；具有共同实施某种犯罪的目的性；具有相对的固定性；具有严重的社会危害性。

（二）共同犯罪人的种类及其刑事责任

在共同犯罪中，由于各个共同犯罪人所处地位、所起作用和对社会危害程度的不同，每个犯罪人应该承担的刑事责任也有所不同。我国刑法把共同犯罪人分为主犯、从犯、胁从犯和教唆犯。

1. 主犯

主犯是指组织、领导犯罪集团进行犯罪活动或者在共同犯罪中起主要作用的犯罪分子，他们比其他共同分子人具有更大的社会危害性，因而应当从重处罚。《刑法》第二十六条规定：对组织、领导犯罪集团的首要分子，按照集团所犯的全部罪行处罚；对聚众犯罪的首要犯罪分子和其他主犯，应当按照其所参与的或者组织、指挥的全部罪行处罚。

2. 从犯

从犯是指在共同犯罪中起次要作用或者辅助作用的犯罪分子。他们对社会的危害性轻于主犯。《刑法》第二十七条规定：对于从犯，应当从轻、减轻处罚或者免除处罚。

3. 胁从犯

胁从犯是指被胁迫参加犯罪的犯罪分子。他们在共同犯罪中处于被动地位，其罪行相对较轻。《刑法》第二十八条规定：对于胁从犯，应当按照他的犯罪情节减轻处罚或者免除处罚。

4. 教唆犯

教唆犯是指教唆他人犯罪的犯罪分子。构成教唆犯必须具备两个要件：一是客观方面要有教唆他人实行犯罪的行为；二是主观方面要有教唆他人实行犯罪的故意。过失“教唆”他人犯罪的，不构成教唆犯。教唆犯不是独立的罪名，教唆他人犯罪的，应以他所教唆的犯罪定罪，并按照他在共同犯罪中所起的作用处罚。《刑法》第二十九条规定：对于教唆犯，应当按照他在共同犯罪中所起的作用处罚；教唆不满 18 周岁的人犯罪的，应当从重处罚；如果被教唆的人没有犯被教唆的罪，对于教唆犯，可以从轻或者减轻处罚。

六、正当防卫和紧急避险

正当防卫和紧急避险都是排除犯罪性的行为，即这两种行为在形式上似乎符合某种犯罪构成，但实质上既不具有社会危害性，也不具有刑事违法性，而且是对社会有益的行为，因而是应该加以鼓励的行为。

（一）正当防卫

正当防卫，是指为了使国家、公共利益、本人或者他人的人身、财产和其他权利免受正在进行的不法侵害而采取的制止不法侵害的行为。正当防卫是法律赋予公民的一项权利，它的意义在于及时有效地保障国家、集体、公民本人或他人的合法权益免受正在进行的不法侵害，鼓励公民积极地同形形色色的不法侵害行为作斗争，从而有效地打击犯罪分子，减少犯罪行为。但是，我们也应该看到，正当防卫毕竟是采取损害的办法制止不法侵害，这种权利如果行使不当，不但达不到防卫的目的，而且可能造成不应有的损害。因此，为了保证正当防卫的正确行使，法律规定正当防卫必须具备下列条件：

（1）必须是为了使国家、公共利益、本人或者他人的人身、财产和其他合法权利免受非法侵害而实施的防卫行为。防卫目的的正义性，是正当防卫成立的首要条件，也是刑法规定正当防卫不负刑事责任的重要根据。

（2）必须是对正在进行的不法侵害而实行的防卫行为。所谓“正在进行的不法侵害”，这里有两方面的意义：其一，是指侵害行为在客观上必须是确实存在的，而不是主观想象或者推测的；其二，侵害行为必须是正在进行的，而不是已经结束或者尚未发生的。对任何合法的行为，如执行命令的行为、正当防卫的行为和紧急避险的行为等，都不能实行正当防卫。这里还需注意的是，如双方打架斗殴，双方行为均属违法，不承认他们之间有正当防卫的权利，因此，不能实施正当防卫；如故意挑逗他人对自己进行侵袭，然后以“正当防卫”为借口对他人加以危害的行为，属于“防卫挑拨”，而不是正当防卫。

（3）必须是针对进行不法侵害者本人实行防卫。即只能对不法侵害者本人造成损害，不能对没有实施不法侵害的第三者，包括不法侵害者的家属造成损害。这里的“不法侵害者”也包括共同进行不法侵害的共同犯罪人。

(4) 正当防卫不能明显超过必要限度造成重大损害。是否明显超过必要限度造成重大损害，是区别正当防卫和防卫过当的标志。正当防卫明显超过必要限度造成重大损害的，应当负刑事责任，但是应当减轻或者免除处罚。

特别需要指出的是，为了严厉打击暴力犯罪，我国《刑法》第二十条第三款规定：对正在进行行凶、杀人、抢劫、强奸、绑架以及其他严重危及人身安全的暴力犯罪，采取防卫行为，造成不法侵害人伤亡的，不属于防卫过当，不负刑事责任。也就是说，凡是对正在进行的严重危及人身安全的上述几种严重暴力犯罪，实行防卫行为不存在过当问题，只要防卫人实行防卫，不论造成什么后果，都是正当防卫，不负刑事责任。

(二) 紧急避险

紧急避险，是指为了使国家、公共利益、本人或者他人的人身、财产和其他权利免受正在发生的危险，不得已采取的以较小损失而保全更大利益的行为。紧急避险必须具备以下条件：

(1) 必须是为了使国家、公共利益、本人或者他人的人身、财产和其他合法权利免受正在发生的危险而采取的。刑法关于避免本人危险的规定，不适用于职务上、业务上负有特定责任的人。为了保护某种非法利益而进行所谓的紧急避险，则是一种违法行为；构成犯罪的，应依法追究其刑事责任。

(2) 必须是对正在发生的危险而采取的。所谓正在发生的危险，是指已经发生的危险即将造成损害或者已造成损害而尚未结束。紧急避险只能在危险已经发生而又尚未解除这一段时间条件下进行。如果危险尚处于潜在状态或者危险已经排除，都不能实行紧急避险。

(3) 必须是在迫不得已的情况下采取的。即行为人找不到任何其他方法排除危险，出于迫不得已而采取的紧急避险行为，给第三者合法权利造成损害的，不负刑事责任。如果当时还有其他方法可以避险，行为人却不采取，而给无辜的第三者合法权益造成了不应有的损害，其行为不属于紧急避险，构成犯罪的还要负刑事责任。

（4）紧急避险不能超过必要限度造成不应有的损害。即紧急避险造成的损害必须小于所避免的损害。一般说来，权衡合法权益大小的基本标准是：人身权利大于财产权利；人身权利中生命权为最高权利；财产权利的大小，可以用财产的价值大小来衡量。《刑法》第二十一条规定：紧急避险不负刑事责任；超过必要限度造成不应有的损害的，应当负刑事责任，但是应当减轻或者免除处罚。

七、刑罚

刑罚的概念及种类如下。

刑罚，是由刑法规定的、由国家审判机关依法对犯罪人所适用的限制或剥夺其一定权益的最严厉的强制性法律制裁方法。其基本特征是：刑罚是最严厉的惩罚方法，它不仅可以限制和剥夺犯罪分子的人身自由、政治权利和财产权利，甚至可以剥夺其生命，是其他任何强制方法所不能比拟的；刑罚只能适用于犯罪分子；刑罚只能由审判机关依法适用，其他任何机关包括检察机关、公安机关和司法行政机关在内，都无权适用刑罚。

刑罚种类，是指由刑法所规定的对刑事制裁方法的分类。我国刑法将刑罚分为主刑和附加刑两大类。每一类又分为若干种，它们的适用条件和适用对象有明显差别。

1. 主刑

主刑又称基本刑，是对犯罪分子适用的主要刑事制裁方法。其特点是：只能独立适用，不能附加适用；对一种犯罪行为只能判决一种主刑。我国刑法规定的主刑有管制、拘役、有期徒刑、无期徒刑和死刑五种。

（1）管制。管制，是指由人民法院依法判决，对犯罪分子不予关押，但限制其一定自由，在公安机关管束和群众监督下进行劳动改造的刑罚方法。

管制是最轻的一种主刑。管制的期限为 3 个月以上 2 年以下。被判处管制的犯罪分子，在执行期间，应当遵守下列规定：遵守法律和行政法规，服从监督；未经执行机关批准，不得行使言论、出版、集会、结社、游行、示威自由的权利；按照执行机关规定报告自己的活动情况；遵守执行机关关于会客的规定；离开所居住的市、县或者迁居，应当报经执行机关批准。

（2）拘役。拘役是指短期内剥夺犯罪分子人身自由，由公安机关就近强制改造的刑罚方法。它适用于罪行较轻，不需要长期关押的犯罪分子。拘役的期限为 1 个月以上 6 个月以下，数罪并罚时最高不能超过 1 年。拘役从期限上看，虽然短于管制，但是，由于它是剥夺而不只是限制犯罪分子的人身自由，因此，拘役是比管制更严厉的刑罚。

（3）有期徒刑。有期徒刑是指剥夺犯罪分子一定期限的人身自由，并强制其劳动改造的一种刑罚。有期徒刑是我国刑罚中适用最广泛的一种刑罚。它的最低期限到最高期限的幅度大，适用面宽，既适用于罪重的犯罪分子，又可以适用于罪轻的犯罪分子。有期徒刑的期限一般为 6 个月以上 15 年以下，数罪并罚时最高不能超过 20 年。

（4）无期徒刑。无期徒刑是指剥夺犯罪分子的终身自由，并强制其劳动改造的一种刑罚。它是仅次于死刑的较为严厉的刑罚，主要适用于罪行严重，情节恶劣，需要与社会永久隔离的犯罪分子。在执行期间，如果确有悔改表现或立功表现，可以由无期徒刑减为有期徒刑。

（5）死刑。死刑是指剥夺犯罪分子生命的刑罚方法。它只适用于罪行极其严重的犯罪分子，应该慎用，坚持少杀和防止错杀。《刑法》对死刑的适用作了如下规定：对于应当判处死刑的犯罪分子，如果不是必须立即执行的，可以在判处死刑的同时宣告缓期 2

年执行；在死刑缓期执行期间，如果没有故意犯罪，2 年期满后减为无期徒刑；如果确有重大立功表现，2 年期满后减为 15 年以上 20 年以下有期徒刑；如果故意犯罪，查证属实的，由最高人民法院核准后执行死刑；犯罪时不满 18 周岁的人和审判时怀孕的妇女，不适用死刑。

2. 附加刑

附加刑又称从刑，是补充主刑适用的刑罚方法。它既可以作为主刑的附加刑适用，也可以独立适用。我国刑法规定的附加刑有罚金、剥夺政治权利和没收财产。

（1）罚金。罚金是指人民法院判决犯罪分子向国家缴纳一定数额金钱的刑罚方法。它主要适用于以贪图财利为目的的犯罪分子，从财产上对他们予以一定剥夺，使其丧失用金钱继续进行犯罪的条件。罚金在判决指定的期限内一次或者分期缴纳；期满不缴纳的，强制缴纳；不能全部缴纳罚金的，在任何时候发现被执行人有可以执行的财产，应当随时缴纳；由于遭受不能抗拒的灾祸，缴纳确有困难的，可以酌情减少或者免除。

（2）剥夺政治权利。剥夺政治权利是指剥夺犯罪分子参加国家管理的政治权利的刑罚方法。其具体内容包括：剥夺选举权和被选举权，剥夺言论、出版、集会、结社、游行、示威自由权，剥夺担任国家机关职务权，剥夺担任国有公司、企业、事业单位和人民团体领导职务权。对于危害国家安全的犯罪分子应当附加剥夺政治权利；对于故意杀人、强奸、放火、爆炸、投毒、抢劫等严重破坏社会秩序的犯罪分子，可以附加剥夺政治权利。剥夺政治权利的期限，一般为 1 年以上 5 年以下；判处管制附加剥夺政治权利的，剥夺政治权利的期限与管制的期限相等，同时执行；被判处死刑和无期徒刑的，剥夺政治权利终身。

（3）没收财产。没收财产是指将犯罪分子个人所有财产的一部分或全部强制无偿地收归国有的一种刑罚。没收全部财产的，应当对犯罪分子个人及其扶养的家属保留必需的生活费用。在判处没收财产的时候，不得没收属于犯罪分子家属所有或者应有的财产。没收财产以前犯罪分子所负的正当债务，需要以没收的财产偿还的，经债权人请求，应当偿还。

八、我国刑罚的具体运用

犯罪是一种十分复杂的社会现象，应根据犯罪分子所犯罪行的情节、危害程度等情况，具体适用刑罚。即使在判决之后，执行完毕以前，也应根据罪犯的悔罪表现、立功表现和身体状况等，考虑是否予以缓刑、减刑和假释。

（一）量刑

量刑是指人民法院对犯罪分子依法裁量决定刑罚的一种审判活动。它包括是否对犯罪分子判处刑罚、判处何种刑罚以及刑期长短等问题，并与定罪一起成为人民法院处理刑事案件的最重要的环节。其中，定罪是量刑的必要前提，量刑是定罪的必然归宿，两者既紧密联系又相互区别，共同实现我国刑法保护人民、惩治犯罪、保护社会主义现代化建设的任务。

《刑法》规定量刑必须遵循以下原则：必须以事实为根据，具体包括犯罪的事实、犯罪的性质、情节和对社会的危害程度四个方面；必须以刑法为准绳，坚持做到不枉不纵，裁量轻重适度。

（二）累犯、自首和立功

1. 累犯

累犯是指犯罪分子在刑罚执行完毕或者受到赦免以后，在一定时期内又重新犯罪的行为。累犯分为一般累犯和特别累犯。

一般累犯的构成条件是：前罪与后罪必须都是故意犯罪。如果前罪与后罪都是过失犯罪或者其中之一是过失犯罪的，不能构成累犯；前后两罪必须都是被判处有期徒刑以上的犯罪，如果其中一罪是被判处或应当判处有期徒刑以下的刑罚，则不能构成累犯；后罪必须是发生在前罪的刑罚执行完毕或者赦免以后 5 年以内，超过 5

年的不能构成累犯。

特别累犯，是指危害国家安全的犯罪分子在刑罚执行完毕或者赦免以后，在任何时候再犯危害国家安全罪的行为，则构成特别累犯。《刑法》规定，对于累犯从重处罚。

小提示：累犯从重处罚！

2. 自首

自首是指犯罪分子犯罪以后，自动投案，如实供述自己罪行的行为。自首必须具备两个条件：一是犯罪分子犯罪以后自动投案，包括犯罪以后犯罪事实尚未被司法机关发现之前而自动投案，或者犯罪事实虽被发现但犯罪分子尚未察觉之前而自动投案，以及犯罪事实和犯罪分子虽然都被发觉但犯罪分子尚未受到司法机关传唤、讯问或采取强制措施之前而自动投案；二是犯罪分子在自动投案的同时能如实交代自己的罪行。《刑法》规定对于自首的犯罪分子，可以从轻或减轻处罚，其中犯罪较轻的，可以免除处罚。

3. 立功

立功是指犯罪分子有揭发他人犯罪行为并经查证属实或者提供重要线索从而得以侦破其他案件的行为。《刑法》规定：有立功表现的，可以从轻或者减轻处罚；有重大立功表现的，可以减轻或者免除处罚；犯罪后自首又有重大立功表现的，应当减轻或者免除处罚。

（三）数罪并罚

数罪并罚是指人民法院对一人犯有两个或两个以上之罪的犯罪分子分别定罪量刑，并按照法定原则和方法，酌情决定应当执行的刑罚的一种处刑制度。需要注意的是：所犯数罪中，有判处死刑或者无期徒刑的，采取吸收原则；所犯数罪分别判处有期徒刑、拘役或者管制的，采取限制加重原则，即在总的刑期以下，数罪中最高刑期以上，酌情决定执行的刑期，但管制最高不能超过3年，拘役最高不能超过1年，有期徒刑最高不能超过20年。

对数罪并罚的具体运用，有以下几种情况：一是判决宣告以前的并罚。对判决宣告以前已经发现的数罪，应当分别判处刑罚，然后根据所判处的数刑，分别适用依照数罪并罚的不同原则决定应执行的刑罚。二是判决宣告以后发现“漏罪”的并罚。应当对“漏罪”作出判决，把前后两个判决所判处的刑罚按照《刑法》第六十九条的规定，决定执行的刑期；已经执行的刑期，应当计算在新判决决定的刑期以内，即“先并后减”的计算方法。三是判决宣告以后又犯新罪的并罚。应当对新犯的罪作出判决，把前罪没有执行的刑罚和新罪所判处的刑罚，依照《刑法》第六十九条的规定决定执行的刑罚，即“先减后并”的计算方法。

（四）缓刑

缓刑是附条件的暂不执行原判刑罚的制度。缓刑的适用条件有三个：一是只适用于被判处拘役或者 3 年以下有期徒刑的犯罪分子，这是对缓刑适用对象上的限制；二是根据犯罪分子的犯罪情节和悔罪表现，适用缓刑确实不致再危害社会，这是适用缓刑的实质性条件；三是犯罪分子不是累犯。缓刑考验期限的规定如下：拘役的缓刑考验期为原判刑期以上 1 年以下，但不能少于 2 个月；有期徒刑的缓刑考验期限为原判刑期以上 5 年以下，但不能少于 1 年。

（五）减刑

减刑是对被判处管制、拘役、有期徒刑、无期徒刑的犯罪分子，在刑罚执行期间，认真遵守监规，接受教育改造，确有悔改表现或立功表现，将原判刑罚予以适当减轻的行刑制度。

减刑的适用条件为：适用对象是被判处管制、拘役、有期徒刑、无期徒刑的犯罪分子；时间条件是在刑罚执行期间；实质条件是确有悔改表现或者立功表现；限制条件是减刑不能超过一定限度，即判处管制、拘役、有期徒刑的，不能少于原判刑期的 1/2，判处无期徒刑的，不能少于 10 年。

（六）假释

假释是对被判处有期徒刑或无期徒刑的犯罪分子附条件地将其

提前释放的制度。

假释的适用条件为：适用对象是被判处有期徒刑或者无期徒刑的犯罪分子，对累犯以及因杀人、爆炸、抢劫、强奸、绑架等暴力性犯罪被判处10年以上有期徒刑、无期徒刑的犯罪分子，不得假释；犯罪分子已经执行了一定期限的刑期，即被判处有期徒刑的犯罪分子，执行原判刑期1/2以上，被判处无期徒刑的犯罪分子，实际执行10年以上，才能适用假释；犯罪分子在服刑期间必须认真遵守监规，接受教育改造，确有悔改表现，不致再危害社会。

假释的考验期限为：有期徒刑的假释考验期限为没有执行完毕的刑期；无期徒刑的假释考验期限为10年。被假释的犯罪分子在假释考验期限内，如果没有再犯新罪，也没有发现漏罪，也没有违反法律、行政法规或者公安部门有关假释的监督管理规定的行为，就认为原判刑罚已经执行完毕，并公开予以宣告。

第二节 农村常见的犯罪行为

一、危害公共安全的犯罪

（一）放火罪

放火罪是指以故意放火焚烧公私财物的方法危害公共安全的行为。放火罪的成立须具备的条件是：

（1）本罪必须危害了公共安全。即实施放火行为，危及多人的生命健康或者重大公私财产的安全。

（2）行为人在客观方面必须实施了放火的行为。

（3）行为人的年龄已满14周岁，并且精神正常，具有辨认并控制自己行为的能力。

（4）主观方面是故意犯罪，即明知自己的行为会发生火灾，危害公共安全，但行为人希望或放任这种结果的发生。

放火罪的处罚：未造成严重后果的，处3年以上10年以下有期徒刑；出现致人重伤、死亡或者使公私财产遭受重大损失的严重后果的，处 10 年以上有期徒刑、无期徒刑或者死刑。

（二）投放危险物质罪

投放危险物质罪的成立条件与放火罪相比，除客观方面表现不同外，其他条件都相同。本罪的客观方面表现是投放毒害性、放射性、传染病病原体等物质，危害公共安全。如向公共饮水源、食品中投放能够致人死亡的或者严重危害人体健康的毒性药物，寄发炭疽病菌等。

投放危险物质罪的处罚：未造成严重后果的，处 3 年以上 10 年以下有期徒刑；出现致人重伤、死亡或者使公私财产遭受重大损失的严重后果的，处 10 年以上有期徒刑、无期徒刑或者死刑。

（三）破坏交通设施罪

破坏交通设施罪是指故意破坏轨道、桥梁、隧道、公路、机场、航道、灯塔、标志或者进行其他破坏活动，足以使火车、汽车、电车、船只、航空器发生倾覆、毁坏危险，或已经造成严重后果的行为。

本罪的成立条件是：

（1）危害了交通运输安全。

（2）行为人在客观方面实施了破坏交通设施的行为，其破坏行为足以使交通工具发生倾覆、毁坏危险。

（3）行为人年满 16 周岁，且精神正常，能够辨认和控制自己的行为。

（4）行为人在主观方面是故意犯罪，明知自己的行为会发生交通工具的倾覆、毁坏，并且希望或放任这种结果的发生。

破坏交通设施罪的处罚：刑法规定，犯本罪，未造成严重后果的，处 3 年以上 10 年以下有期徒刑；造成严重后果的，处 10 年以上有期徒刑、无期徒刑或者死刑。

（四）破坏电力设备罪

破坏电力设备罪是指故意破坏电力设备，足以造成或已经生成严重后果，危害公共安全的行为。本罪与破坏交通设施罪的成立条件部分相同，区别在于本罪破坏的对象为正在使用的电力设备，侵犯的是供电公共安全。认定破坏电力设备罪的关键是判断行为是否足以危害公共安全，要考虑其破坏的具体对象、程度、后果综合判断。电力设备是否正在使用是判断行为是否足以危害公共安全的标准之一，但不是唯一的标准。通常来讲，盗窃正在使用中的电力设备一般会危害公共安全，但不必然危害公共安全。还要结合电力设备设置的位置、影响范围、危害结果来综合判断。这里所称的“公共安全”是指不特定或者多数人的生命、健康的安全以及公共生活的平稳与安宁。

破坏电力设备罪的处罚：刑法规定，犯本罪，尚未造成严重后果的，处 3 年以上 10 年以下有期徒刑；造成严重后果的，处 10 年以上有期徒刑、无期徒刑或者死刑。

二、侵犯公民人身权利的犯罪

（一）故意杀人罪

故意杀人罪是指故意非法剥夺他人生命的行为。

《刑法》第二百三十二条规定，犯本罪的，处死刑、无期徒刑或者 10 年以上有期徒刑；情节较轻的，处 3 年以上 10 年以下有期徒刑。其中“情节较轻”，一般是指实践中的义愤杀人、防卫过当杀人、因受被害人长期迫害而杀人、帮助自杀等情况。

（二）故意伤害罪

故意伤害罪指故意非法损害他人身体健康的行为。认定本罪时须注意：损害他人身体健康的轻重程度分为轻微伤、轻伤、重伤害、伤害致死四个层次。造成轻微伤害的，不构成犯罪，可以适用治安管理处罚，并可以追究民事赔偿责任。只有伤害程度达到轻伤以上时，才适用刑法追究刑事责任。对于伤害程度的认定，以法医的鉴定结论为准。因此，对于实践中经常发生的殴打行为，按照《人体轻伤鉴定标准》不构成轻伤的，则不宜定伤害罪。

故意伤害罪的处罚：《刑法》第二百三十四条规定，犯本罪的，处 3 年以下有期徒刑、拘役或管制；致人重伤的，处 3 年以上 10 年以下有期徒刑；致人死亡或者以特别残忍手段致人重伤造成严重残疾的，处 10 年以上有期徒刑、无期徒刑或者死刑。

（三）强奸罪

强奸罪是指使用暴力、胁迫或者其他手段，违背妇女意志，强行与妇女性交的行为。强奸罪的成立条件是：

（1）行为人必须是已满 14 周岁、能够辨别和控制自己行为的人。妇女不能单独构成本罪，但如果妇女对他人实施强奸起了帮助作用，可构成本罪的共犯。

（2）本罪侵害的是妇女性的不可侵犯的权利，即拒绝与其合法配偶以外的任何男人性交的权利。

（3）本罪行为的客观表现特征是违背妇女意志，使用暴力、胁迫或者其他足以使妇女不能反抗、不敢反抗或者不知反抗的各种手段，强行与妇女性交的行为。认定本罪时，须注意把强奸与通奸行为区别开来。通奸是非合法夫妻的男女双方自愿发生不正当性关系的行为，并不违背妇女意志。

强奸罪的处罚：《刑法》第二百三十六条规定，犯本罪的，处 3 年以上 10 年以下有期徒刑。奸淫不满 14 周岁幼女的，以强奸论，从重处罚。有下列情节之一的，处 10 年以上有期徒刑、无期徒刑或者死刑：

（1）强奸妇女、奸淫幼女情节恶劣的。

（2）强奸妇女、奸淫幼女多人的。

（3）在公共场所当众强奸妇女的。

（4）两人以上轮奸的。

（5）致使被害妇女重伤、死亡或者造成其他严重后果的。

（四）拐卖妇女、儿童罪

拐卖妇女、儿童是一种严重侵害他人的人身权利的犯罪行为，多发生在农村地区。刑法对此种犯罪行为规定了明确的认定条件和处罚标准。

本罪是指以出卖为目的，拐骗、绑架、收买、贩卖、接送或者中转妇女、儿童的行为。

拐卖妇女、儿童罪的处罚：《刑法》第二百四十条规定，犯本罪的，处5年以上10年以下有期徒刑，并处罚金；有下列情形之一的，处10年以上有期徒刑或者无期徒刑，并处罚金或没收财产；情节特别严重的，处死刑，并处没收财产：

（1）拐卖妇女、儿童集团的首要分子。

（2）拐卖妇女、儿童3人以上的。

（3）奸淫被拐卖妇女的。

（4）诱骗、强迫被拐卖妇女卖淫或者将被拐卖妇女卖给他人迫使其卖淫的。

（5）以出卖为目的，使用暴力、胁迫或者麻醉方法绑架妇女、儿童的。

（6）以出卖为目的，偷盗婴幼儿的。

（7）造成被拐卖的妇女、儿童或者亲属重伤、死亡或者其他严重后果的。

（8）将妇女、儿童卖往境外的。

（五）收买被拐卖的妇女、儿童罪

刑法不仅打击拐卖妇女、儿童的行为，也打击收买被拐卖妇女、儿童行为。

收买被拐卖的妇女、儿童罪是指不以出卖为目的，用金钱或者其他财物收买被拐卖妇女、儿童的行为。

收买被拐卖的妇女、儿童罪的处罚：《刑法》第二百四十一条规定，犯本罪的，处3年以下有期徒刑、拘役或者管制。处罚时还应注意：

（1）收买被拐卖的妇女后，违背妇女意志，使用暴力、胁迫或者其他手段，强行与其发生性关系的，还应定强奸罪，实行两罪并罚。

（2）收买被拐卖的妇女、儿童后，非法剥夺、限制其人身自由的，还应定非法拘禁罪，实行数罪并罚。

（3）收买被拐卖的妇女、儿童后，对其进行伤害的，还应定故意伤害罪，实行数罪并罚。

（4）收买被拐卖的妇女、儿童后，对其进行侮辱，构成犯罪的，还应定侮辱罪，实行数罪并罚。

（5）收买被拐卖的妇女、儿童后，又将其出卖的，定拐卖妇女、儿童罪，不定收买被拐卖的妇女、儿童罪。

（6）收买被拐卖的儿童，对被买儿童没有虐待行为，不阻碍对其进行解救的，可以从轻处罚。

（7）收买拐卖的妇女，按照被买妇女的意愿，不阻碍其返回原地的，可以从轻或者减轻处罚。

（六）聚众阻碍解救被收买的妇女、儿童罪

本罪是指以暴力、威胁方法阻碍国家机关工作人员解救被收买的妇女、儿童的行为。

聚众阻碍解救被收买的妇女、儿童罪的处罚：《刑法》第二百四十二条第二款规定，犯本罪的，首要分子处5年以下有期徒刑或者拘役；其他参与者使用暴力、威胁方法的，按《刑法》第二百七十七条妨害公务罪的规定处罚，即处以3年以下有期徒刑、拘役、管制或者罚金。

（七）虐待罪

虐待罪是指对共同生活的家庭成员，经常以打骂、冻饿、有病不给医治、强迫超体力劳动、凌辱人格、限制自由、捆绑等方式，从肉体上或者精神上摧残、折磨，情节恶劣的行为。

虐待罪的处罚：《刑法》第二百六十条规定，犯本罪的，处2年以下有期徒刑、拘役或者管制；致使被害人重伤、死亡的，处2年以上7年以下有期徒刑。未造成被害人重伤、死亡的，起诉才处理，即司法机关不主动追究犯罪人的责任，需被害人向人民法院起诉才能立案处理。

（八）遗弃罪

遗弃罪是指对于年老、年幼、患病或者其他没有独立生活能力的人，负有扶养义务而拒绝扶养，情节恶劣的行为。

遗弃罪的处罚：刑法规定，犯本罪的，处 5 年以下有期徒刑、拘役或者管制。

三、侵犯财产权利的犯罪

（一）抢劫罪

本罪是指以非法占有为目的，当场使用暴力、胁迫或者其他方法，强行劫取公私财物的行为。本罪在客观方面强调犯罪人使用了暴力、胁迫或其他使被害人处于不知反抗或丧失反抗能力状态的方法。此外，《刑法》第二百六十九条规定，犯盗窃、诈骗、抢夺罪，为窝藏赃物、抗拒抓捕或者毁灭罪证而当场使用暴力或以暴力相威胁的，依照抢劫罪的规定处罚。

抢劫罪的处罚：《刑法》第二百六十三条规定，抢劫罪，处 3 年以上 10 年以下有期徒刑；有下列八种情形之一的，处 10 年以上有期徒刑、无期徒刑或者死刑，并处罚金或者没收财产：

（1）入户抢劫的。

（2）在公共交通工具上抢劫的。

（3）抢劫银行或者其他金融机构的。

（4）多次抢劫或者抢劫数额巨大的。

（5）抢劫致人重伤、死亡的。

（6）冒充军警人员抢劫的。

（7）持枪抢劫的。

（8）抢劫军用物资或者抢险、救灾、救济物资的。

（二）盗窃罪

本罪是指以非法占有为目的，秘密窃取公私财物数额较大、或者多次秘密窃取公私财物、入户窃取财物、携带凶器盗窃、扒窃的行为。盗窃罪的构成条件要求行为人必须是年满 16 周岁并且能够辨别和控制自己的行为的精神正常的人。在客观方面的行为特点是采取自认为不会被他人发觉的方法，取得公私财物占为己有。

盗窃罪的处罚：《刑法》第二百六十四条规定，犯本罪的，处 3 年以下有期徒刑、拘役或者管制，并处或者单处罚金；数额巨大或者有其他严重情节的，处 3 年以上 10 年以下有期徒刑，并处罚金；数额特别巨大或者有其他特别严重情节的，处 10 年以上有期徒刑或者无期徒刑，并处罚金或没收财产。

（三）敲诈勒索罪

敲诈勒索罪是指以非法占有为目的，对公私财物的所有人、管理人实施威胁或者要挟的方法，强行索取数额较大的公私财物或多次强索公私财物的行为。本罪行为的特点是实施了威胁或者要挟，强行索取数额较大的公私财物或多次强索财物的行为。所谓威胁或者要挟方法，是指以将要加害被害人或其亲属，或者将要揭发、张扬其不法行为、个人隐私等相威胁，对被害人施加精神强制，迫使其交付财物。

敲诈勒索罪的处罚：《刑法》第二百七十四条规定，犯本罪的，处 3 年以下有期徒刑、拘役或者管制，并处或者单处罚金；数额巨大或者有其他严重情节的，处 3 年以上 10 年以下有期徒刑，并处罚金；数额特别巨大或者有其他特别严重情节的，处 10 年以上有期徒刑，并处罚金。

（四）故意毁坏财物罪

本罪是指故意毁灭或损坏公私财物，数额较大或者有其他严重情节的行为。

故意毁坏财物罪的处罚：犯本罪的，处 3 年以下有期徒刑、拘役或者罚金；情节严重或者有其他特别严重情节的，处 3 年以上 7 年以下有期徒刑。

(五) 破坏生产经营罪

破坏生产经营罪是指由于泄愤报复或其他个人目的，毁坏机器设备、残害耕畜或者以其他方法破坏生产经营的行为。

破坏生产经营罪的处罚：犯本罪的，处 3 年以下有期徒刑、拘役或者管制；情节严重的，处 3 年以上 7 年以下有期徒刑。

第三章　民事活动的基本规定

第一节　民法保护的权利

李家养了一条狗，小张经过李家时被咬，按照《民法通则》的规定，应当承担无过错责任，由狗的饲养人承担责任。但如果是受害人自己的过错引起被狗咬，则饲养人可以不承担责任。

一、民法的概念和基本原则

民法是调整平等主体的公民之间，法人之间，公民和法人之间的财产关系和人身关系的法律规范的总称。1986 年 4 月颁布、1987 年 1 月 1 日起施行的《中华人民共和国民法通则》（以下简称《民法通则》），是我国的民事基本法，是我国调整民事关系的主要规范性法律文件。

民法的基本原则是民法的宗旨和基本准则，是制定、解释、执行和研究民法的出发点，是民法精神实质之所在。我国民法的基本原则主要包括：

（一）当事人在民事活动中法律地位平等的原则

《民法通则》第三条规定：“当事人在民事活动中的地位平等。”当事人地位平等是由民法调整的社会关系的范围和性质决定的。这一原则具体内容包括：

（1）自然人的民事权利能力一律平等；

（2）民事主体在民事法律关系中法律地位平等；

（3）民事主体在民事活动中平等地享有民事权利和承担民事

义务；

(4) 民事主体平等地受法律保护，在适用法律上一律平等。

(二) 自愿、公平、等价有偿和诚实信用的原则

这条原则是社会主义道德规范在民事法律规范中的体现，反映了社会主义民事法律规范和社会道德规范的统一。

1. 自愿原则

自愿原则主要是指民事主体在民事活动中，充分表达自己的真实意愿，根据自己的意愿设立、变更、终止民事法律关系。具体包括：设立民事法律关系的自愿，选择行为内容和相对人的自愿，选择行为方式的自愿。

2. 公平原则

公平即公平合理，是指在民事活动中，要以公平、正义的理念来指导自己的行为。公平原则包含三方面的具体内容：

第一，参与民事法律关系的各方当事人机会要均等，要正当竞争，不能采取不正当的竞争手段。

第二，当事人的利益要合理兼顾。

第三，民事责任在承担上要合理。

3. 等价有偿原则

等价有偿原则是指民事主体在从事转移财产等民事活动中，要按照价值规律的要求进行等价交换，实现各自的经济利益。遵循等价有偿的原则，就要求当事人一方取得的财产与其履行的义务，在价值上大致是相等的，不能无偿地占用、调拨、征用另一方的财产。当然，除法律另有规定外，我国民法并不干预当事人依法无偿转移自己的财产或放弃民事权利，如赠与、遗赠行为。

4. 诚实信用原则

诚实信用是指参与民事活动的当事人应当诚实不欺，守诺言，讲信用，以善意的方式行使权利，履行义务，不得规避法律和合同义务。

诚实信用原则是一个高度抽象的概念，其具体内容包括：民事主体在民事活动中以诚实信用的方式行使权利和履行义务；在合同的解释上，应依诚实信用原则；以诚实信用原则弥补法律规定的不足。

（三）保护自然人、法人合法权益的原则

保护公民、法人和其他组织的民事权利不受侵犯，是我国整个社会主义法律的基本任务，也是我国民法的宗旨和基本原则。该原则的基本含义是：任何公民和法人的合法民事权益均受法律的保护；当公民和法人的合法民事权益受到非法侵害时，都有权向人民法院提起诉讼，请求法律保护；任何公民和法人都不得非法侵害其他公民和法人的合法民事权利，否则，就要承担相应的民事责任。

（四）禁止民事权利滥用的原则

依据《民法通则》规定，公民、法人和其他组织享有的民事权利受法律保护。但是，行为人在行使自己权利时，不得损害国家的、集体的、社会的利益和其他公民的合法权益。民法禁止行为人滥用民事权利，并在《民法通则》第六条、第七条作了具体的规定，主要包括：民事活动必须遵守国家的法律；民事活动应当尊重社会公德，不得损害社会公共利益，破坏国家经济计划，扰乱社会经济秩序。社会公共利益是我国全体人民的利益。任何当事人都不得为谋求局部利益而损害社会公共利益。无论是公民、还是法人，都不允许破坏正常的经济秩序，损害另一方当事人的利益。

二、民事主体制度

民事主体是指在民事法律关系中独立享有民事权利和承担民事义务的公民和法人。在特定的关系中，国家也可以成为特殊的民事主体，如国家行使财产所有权或发行公债、国库券。

(一) 公民 (自然人)

1. 公民的法律地位

公民是指基于自然状态出生而具有一国国籍的人。自然状态出生，表明了公民的自然属性；而具有一国国籍，则表明了公民的社会属性，它意味着公民在国家中的法律地位，是公民作为民事主体的一种资格。根据《民法通则》的规定，在我国境内的外国人和无国籍人也可以成为我国的民事主体。

2. 公民的民事权利能力和民事行为能力

公民的民事权利能力是指法律赋予公民进行民事活动，享有民事权利和承担民事义务的资格。也可以说，它是公民取得民事权利，承担民事义务的前提或者先决条件。公民的民事权利能力与人的生存有着不可分割的联系。根据《民法通则》的规定，我国公民的民事权利能力始于出生，终于死亡。

公民的民事行为能力是指公民以自己的行为参与民事法律关系，实际行使民事权利和承担民事义务的资格。《民法通则》对公民的民事行为能力作了如下分类：①18 周岁以上的公民是成年人，具有完全民事行为能力；16 周岁以上不满 18 周岁的公民，以自己的劳动收入为主要生活来源的，视为完全民事行为能力人。②10 周岁以上的未成年人是限制民事行为能力人，可以进行与他的年龄、智力相适应的民事活动。不能完全辨认自己行为的精神病人是限制民事行为能力人，可以进行与他的精神健康状况相适应的民事活动；其他民事活动要由其法定代理人代理。③不满 10 周岁的未成年人和不能辨认自己行为的精神病人是无民事行为能力人，由其法定代理人或监护人代理民事活动。

(二) 法人

1. 法人的概念与特征

法人是自然人以外的又一类重要的民事主体。法人是具有民事权利能力和民事行为能力，依法独立享有民事权利和承担民事义务的组织。法人具有以下法律特征：①依法定程序、法定条件而成立；②具有独立的法律人格；③其存续具有永久性。

法人是一种重要的社会组织，但不是一切社会组织都是法人。只有具备法定条件的社会组织才能取得法人资格。

法人应具备的条件。根据我国《民法通则》第三十七条规定，一个法人应当具备下列要件：

第一，依法成立。依法成立是指依照法律规定而成立。依法成立包括两方面的内容：一是法人必须是合法的团体；二是法人在成立的程序上具有合法性。

第二，有必要的财产或经费。法人的财产或经费是法人以自己的名义占有、使用、处分的财产或经费。

第三，有自己的名称、组织机构和场所。法人的名称是法人区别于其他民事主体的标志，是法人上项的组成部分。法人的组织机构是对内管理法人事务、对外代表法人进行活动的机构。法人的组织机构主要有：①决策机构。它是指法人的最高权力机构，是形成法人意志、决定法人重大事务的机构。②执行机构。它是指负责贯彻执行决策机构的决定，具体负责法人日常事务、对外代表法人意思，行使法人权能的机构。③监督机构。它是指监督法人执行机构活动的机构。法人的场所就是法人从事业务活动或生产经营活动的场所。

第四，能够独立承担民事责任。法人民事责任的承担是与法人的财产相联系的，法人独立承担民事责任的前提就是其具有必要的财产或者经费，法人能够独立承担民事责任是法人的构成要件之一，同时也是法人成立的结果。

法人的民事权利能力和民事行为能力，从法人成立时产生，到法人终止时消灭。

2. 法人的分类

我国《民法通则》按照法人的功能、设立方法和财产来源，把法人分为四类，即企业法人、机关法人、事业单位法人、社会团体法人。

第二节　公民的民事权利能力和民事行为能力

一、公民的民事权利能力

在民事活动中享受权利、承担义务的当事人，不仅包括自然人，还包括个体工商户、农村承包经营户、个人合伙，还包括法人。本节重点介绍自然人和法人的有关规定。

（一）公民的民事权利能力

公民从出生那一刻起，就有享受民事权利、承担民事义务的资格，当自己的权利被侵犯后，可以向侵权人索赔。不能以公民年龄小、不懂事为理由拒绝其享有民事权利的要求。民法规定：公民从出生的时候起到死亡时止，都有这种享有民事权利承担民事义务的资格。

（二）公民的民事行为能力

公民具有依法享有权利、承担义务的资格，不等于他就一定能通过自己的行为去行使权利并承担相应义务。我国民法通则规定：公民能够以自己的行为亲自行使权利和承担义务的资格，要依人的年龄和精神健康状况而定。民法上把人的这种行为能力分为三种情况。

1. 完全行为能力

18 岁以上的精神智力正常的人为完全民事行为能力人。16 岁到 18 岁期间能以自己的劳动独立生活的未成年人视为完全民事行为能力人。他们可以独立进行各种民事活动。

2. 限制行为能力

10～18 岁为限制民事行为能力人。可以进行与他的年龄、智力相适应的民事活动，如购买学习用品或价值不大的日常生活用品。超过范围的其他民事活动须由他的法定代理人代理，或者征得他的法定代理人的同意才有权去实施。不能完全辨认自己行为的精神病人是限制民事行为能力人，可以进行与他的精神健康状况相适应的民事活动；其他民事活动由他的法定代理人代理，或者征得他的法定代理人的同意。

3. 无行为能力

10岁以下的人及不能辨认自己行为的精神病人是无民事行为能力人，须由他的法定代理人代理民事活动。

小婴儿虽然有享受民事权利、承担民事义务的资格，但是，他没有能力通过自己的行为亲自实现，必须由代理人（爷爷、奶奶、姥姥、姥爷等）代他向法院提起诉讼，这种能力叫“民事行为能力”。

二、法人到底是什么“人”？

法人是指什么人呢？法人是一种社会组织，因为这种社会组织不像自然人那样能呼吸、能独立思考，因此，这种社会组织参与民事活动必须由法律特别赋予它资格。法律上规定符合一定条件的社会组织可以像单个人一样，独立享有民事权利和承担民事义务，并通过一定的方式具体实现，这种组织就是法人。

法人是一种社会组织，但并不是任何社会组织都是法人。根据《民法通则》的规定，法人必须具备下列条件：

（1）法人必须按照法律规定的条件和程序成立。如成立公司，必须符合规定的条件并且到工商行政管理部门办理注册登记手续，而不是自己有了房子作办公地点，挂一块牌子就能成立。

（2）有必要的财产或经费。必要的财产和经费是法人独立享有民事权利、履行民事义务的物质基础和保障。

（3）有自己的名称、组织机构和场所。

（4）能够独立承担民事责任。如法人欠了债，只能用法人财产独立偿还，不能向法人的单位领导或职工提出偿付的要求。

法人的法定代表人对外代表法人，通过法定代表人（有时法定代表人授权其他人）进行民事活动。因此，公民与某公司或其他形式的法人的工作人员打交道时须注意，要考察一下，对方是否有资格代表法人与自己签订合同或从事其他民事活动，必要时应要求对方出具法人的授权委托书，以防止自己的利益受损害。因为当对方无权代表法人时，可能会导致所签订的合同无效，其所代表的法人将拒绝履行合同义务。

三、实施民事法律行为的注意事项

（一）做完的事未经对方同意不能任意反悔

村民甲在买东西时少了 20 元钱，正巧此时碰到村民乙，向乙借了 20 元钱。过了几天两人见面时甲对乙说："借你的钱还没还呢，但我把钱都买了奖券，我就还你两张奖券吧，一年后可以兑现，不光有利息，如果运气好的话还能中奖。"乙欣然同意并接过甲给的奖券。一年后乙真的中奖了，奖金 2 万元。甲的妻子听说后找到乙提出：奖券是甲买的，并要求赎回。乙不同意，那么双方争议的奖券到底应该归谁所有呢?

【评析】

甲向乙借 20 元钱，并主动提出变更还钱的方式即以奖券抵债，双方都希望通过这种方式消灭原来的债权债务关系，这是一种合法的变更民事权利、民事义务的行为。这种变更行为自成立时起即具有法律约束力。只要甲将奖券交给了乙，奖券的所有权就转移给了乙，奖券上所载明的财产权利也一并转移。因此，奖券兑奖所得应归乙方所有。

民事法律行为是公民或法人设立、变更、终止民事权利和民事义务的合法行为，从成立时起具有法律约束力。行为人非依法律规定或者取得对方同意，不得擅自变更或者解除。

（二）符合法定条件的行为才能得到法律保护

某村少年甲因父母外出打工，即擅自作主将家里闲置的房屋卖给另一村民乙，获利 1 万元。后甲父母发现，提出异议，要求取消这笔房屋买卖交易。那么少年甲卖房的行为在法律上有没有效力，父母有没有权利反悔收回自家的房屋呢?

【评析】

解决这一问题需要了解民事法律行为的有效条件：前面讲述过公民民事法律行为能力问题。16 岁少年属于限制民事行为能力人，只能进行与其年龄、智力相适应的民事活动。买卖房屋的行为对他来说太重大了，超出了他的能力所限，因此是无效的。他的父母可以反悔，主张房屋买卖无效而收回房屋。

公民实施法律行为时要特别注意符合下列法定条件：

1. 公民应具有相应的民事行为能力

完全民事行为能力人可以单独实施法律行为，但限制行为能力人只能进行与其年龄、智力和精神健康状况相适应的民事活动，无行为能力人一般不能独立进行民事活动，但纯获利益的活动二者均可为之。

2. 意思表示真实

意思表示真实，指的是行为人的内心想法是自己自觉自愿的，并且与表达出来的意思相一致。换句话说不是在受他人欺诈、胁迫之下作出的违心行为；二是意思表示无误，是自己内心真实意愿的反映，没有因重大误解等原因而表达错意。

3. 不违反法律或者社会公共利益

行为内容不得与法律的强制性或禁止性规范相抵触，不得滥用法律的授权或规定来规避法律。具体要求表现在三个方面：标的合法、形式合法、不存在以合法形式掩盖非法目的。

某些情况下，公民、法人虽然实施了设立、变更、终止民事权利和义务的行为，但因违反了上述法律规定的条件，可能会导致该行为无效或可以变更、撤销。

民事法律行为无效的原因主要包括：第一，行为人不具有相应的行为能力；第二，行为人虽然实施了某一行为，但是由于对方的欺诈、胁迫或者乘人之危，导致行为违背了自己的真实意愿；第三，双方当事人之间恶意串通，损害国家、集体或者第三人的利益；第四，违反法律或社会公共利益；第五，以合法的形式掩盖非法的目的。

四、民事活动的代理

民法上的代理，是指代理人在代理权限范围内，以被代理人的名义实施法律行为，该行为产生的法律效果由被代理人承担的法律制度。代理有时是基于被代理人的委托授权而发生，如农民赵某因盖房屋急需木材，委托朋友代自己购买，这种代理属于委托代理。有时是根据法律的直接规定而产生，如百日婴儿向法院起诉案中，婴儿的爷爷、奶奶代他起诉，这种代理属于法定代理。有时是指根据人民法院或者有关单位的指定而发生的代理，这种叫指定代理。无论是公民个人还是单位，都可以按法律规定由代理人代行相应的权利、履行相应的义务，关键是要授权范围规定明确，代理人不逾越授权范围做事即可。代理人的授权范围可以书面的《授权委托书》中明确规定。

第三节 打官司要及时

一、诉讼时效的概念

依据民法通则规定，借款的诉讼时效应自还款期限届满之日起2年。

诉讼时效是指在法定期间内，当事人如果不行使自己的权利，就丧失在诉讼中的胜诉权的制度。诉讼时效制度的目的在于促使权利人及时行使权利，对怠于行使权利者进行制裁，使民事权利义务关系尽快稳定下来。

二、诉讼时效的规定

《中华人民共和国民法通则》规定，诉讼时效的期间为 2 年，但下列事项的诉讼时效为 1 年。

（1）身体受到伤害要求赔偿的。

（2）出售质量不合格的商品未声明的。

（3）延付或拒付租金的。

（4）寄存财物被丢失或损毁的。

诉讼时效自权利人知道或应当知道权利被侵害之日起计算，但从权利被侵犯时起超过 20 年的，无论当事人何时知道权利被侵犯，人民法院都不予保护。

关于诉讼时效，民法上还有一些特殊规定，包括诉讼时效的中止、延长等。掌握了诉讼时效，我们就应知道，“时间不等人”，千万不要因为时效已过而有理输官司。

第四章　民法对人身权利和财产权利的保护

第一节　民法对人身权的保护

赵红怀疑李阳和他人在其开设的棋牌室内诈赌。一天晚上，赵红带领几个人到“天上人间”娱乐城发现李阳后，便秘密开车跟踪，并将李阳强行拦下，拖至自己的汽车内，带至宾馆，要求李阳退出诈赌得的钱款，前后非法限制其人身自由时间为5小时左右。

本案是典型的因赌博行为引起的非法限制他人人身自由的行为，公安部门根据《治安管理处罚法》第四十条的规定，对赵红的行为可以处以15日拘留，并处1 000元罚款。

一、人身权的概念和特征

人身权，又称人身非财产权，是指民事主体所享有的与其人身不可分离而又没有直接财产内容的权利。人身权和财产权是同时并存的，都是民事主体最重要的民事权利。但人身权与财产权不同，它具有自身的法律特征：一是人身权与权利主体的人身不可分离而具有专属性。人身权是一种专属于权利主体的权利，只能由本人享有，既不能转让，也不能继承和遗赠。二是人身权具有绝对权的属性。人身权的权利主体是特定的，义务主体是不特定的，除权利主体以外的任何人都负有不得侵犯其人身权的义务，所以人身权是一种绝对权。

二、人身权的种类

人身权分为人格权和身份权两种。

人格权是指民事主体在法律上享有独立人格的权利，是法律赋予并终生享有的权利，每个公民和法人终生享有。公民的人格权，包括生命权、健康权、姓名权、肖像权、名誉权、荣誉权、隐私权和人身自由权等。法人的人格权包括名称权、名誉权和荣誉权等。

身份权是指民事主体所具有的某种特定身份而依法享有的民事权利。公民的身份权包括婚姻自主权、亲权、抚养权、继承权、监护权、著作权、发现权、发明权。法人的身份权包括著作权中的署名权、修改权、商业秘密权等。但上述权利并不是每个公民和法人都能享有的。侵害人身权要承担法律责任。

公民的身体健康、生命、人格尊严和人身自由都受我国民法的保护，任何人都不能侵犯。任何非法侵害他人人身权利的行为，都要承担相应的法律责任。

侵犯他人生命健康权要受到法律制裁。我国《民法通则》规定：侵害公民身体造成伤害的，应当赔偿医疗费、因误工减少的收入、残废者生活补助费等费用；造成死亡的，并应当支付丧葬费、死者生前扶养的人必要的生活费等费用。

人格尊严不可侵犯。法律赋予每个公民人格尊严权。每个公民都平等地享有人格尊严的权利，公民的人格尊严不容非法侵犯。侵权者轻则受到舆论的谴责，重则要承担法律责任。人身自由不可侵犯。人身自由权是我们参加各种活动，充分享受其他各种权利的基本保障。

第二节　民法对财产权利的保护

我国的物权法是保护国家、集体和公民的合法财产权的最严厉、最有效的武器。人民法院依据刑法，打击和惩罚各种侵犯财产权的犯罪行为，保护合法财产的所有权。

一、财产所有权的概念

财产所有权是指所有人对自己的财产占有、使用、收益、处分的权利。其中，占有、使用、收益、处分为财产所有权的四项权能。

占有是指所有人对所有财产的实际控制。占有可以分为有权占有与无权占有。有权占有，如合同债权、物权等；无权占有又可以分为善意占有和恶意占有。善意占有，如不知道他人在市场上出售的画是其无权处分的，而以合理的价格购买并占有该画；恶意占有，如窃贼对赃物的占有。对于善意占有，如果满足我国法律的有关规定，则国家会保护该种占有，相反，对于恶意占有则会加以制裁，如偷盗财产。

使用是指民事主体按照财产的性能对其加以利用，以满足生产或生活的需要。法律上有所有权的人一定有使用权，但有使用权的人不一定有所有权。

收益是指民事主体收取的所有物的利益，包括孳息和利润。其中，孳息主要包括法定孳息和自然孳息。法定孳息主要是指依据法律规定，由法律关系而产生的收益，如租金、借贷的利息等；天然孳息则是指原物因自然规律而产生的，如母鸡下的蛋，果树结的果子，及剪下的羊毛等均属自然孳息。收益包含的利润即是把物投入社会生产过程、流通过程所得的利益。

处分是指所有人对财产进行处置的权利。处分权是财产所有人最基本的权利，也是财产所有权的核心内容。原则上只有所有权人才能处分其所有财产，但在特殊情况下，如经所有人同意，其他人也可行使处分权。处分权的分离并不一定导致所有权的丧失。

一般情况下，所有人对其财产享有所有权就是对此四项权能全部享有，但日常生活中常会出现四项权能分离或其中几项共存的情况。

二、财产所有权的取得

财产所有权的取得是指民事主体获得财产所有权的合法方式和根据。我国《民法通则》第七十二条第一款规定：“财产所有权的取得，不得违反法律规定。”财产所有权的合法取得方式可分为原始取得和继受取得两种。另外，还有善意取得制度。

(一) 原始取得

原始取得是指根据法律规定，最初取得财产的所有权或不依赖于原所有人的意志而取得财产的所有权。原始取得主要通过以下途径：

(1) 劳动生产。民事主体通过劳动创造劳动产品的过程。

(2) 收益。这里主要是指民事主体因为对原物的所有权而获取的孳息及利润。

(3) 添附。民事主体把不同所有权的财产合并在一起，从而形成新形态的财产，这种将不同所有权的财产合并的行为即为添附。添附主要通过混合、附合和加工三种方式。

(4) 没收。主要是指国家根据法律、法规采用强制手段，将财产收归国有，如征税、没收违法所得等。

(5) 遗失物及所有人不明的埋藏物和隐藏物。一般情况下，遗失物经查找、公告后无所有人认领及所有人不明的埋藏物和隐藏物，其所有权收归国家。

(二) 继受取得

继受取得是指通过某种法律行为从原所有人处取得对某项财产的所有权。这里所说的法律行为包括：①买卖、互易；②赠与；③继承或接受遗赠；④其他合法行为。

(三) 善意取得制度

所谓善意取得制度，是指动产无处分权的合法占有人未经原物所有人同意将动产转移给善意第三人，第三人由于善意而依法律规定取得该物所有权，原物所有人丧失所有权的制度。善意取得的构成要件如下：①善意取得只是针对可流通的动产，法律禁止或限制流通的物不可能构成善意取得，如枪支弹药等。②无处分权人为合法占有，如存在保管、仓储、租赁、借用关系等。所以，有盗窃、抢夺、抢劫等基于非法占有人意志而产生的非法占有情形的，不适用善意取得。③第三人主观上必须为善意，即第三人在无处分权人处分该物时，不知其无处分权。④第三人必须通过有偿取得，即第三人通过买卖、互易、债务清偿、出资等方式取得动产的占有。所以，因继承、遗赠等方式取得的财产不能产生善意取得的效果。⑤第三人已占有该动产。

三、侵害财产权要承担法律责任

我国《民法通则》规定，公民、法人由于过错侵害国家的、集体的财产，侵害他人财产的，应当承担民事责任。没有过错，但法律规定应当承担民事责任的，应当承担民事责任。侵占国家的、集体的财产或者他人财产的，应当返还财产，不能返还财产的，应当折价赔偿。损坏国家的、集体的财产或者他人财产的，应当恢复原状或者折价赔偿。受害人因此遭受其他重大损失的，侵害人应当赔偿损失。

我国物权法规定，物权受到侵害的，权利人可以通过和解、调解、仲裁、诉讼等途径解决。侵害物权，除承担民事责任外，违反行政管理规定的，依法承担行政责任；构成犯罪的，依法追究刑事责任。

第三节　利用合同保护自己的权利、义务

何某欲生产书包，向甲纺织厂发去传真，要求该厂在1个月内向何某发一批布料。该传真载明所要布料的品种、型号、价格、数量等。传真发出后10天，乙纺织厂送来样品，该厂产品的价格比

甲厂要低25%。于是何某与乙厂签订了合同书。此时，何某收到甲厂同意供货的传真。为避免重复购货，何某立即给甲厂传真，声明不再向甲厂购货。但5天后，甲厂将货送至何某。而何某以未与甲厂签订合同为由拒收货物。本案中，何某与甲厂之间的合同关系是成立的。因为，何某向甲厂发出的传真符合要约的要件，到达甲厂后，要约已经生效，要约人应当受自己要约的约束。在要约效力存续期间，甲厂的承诺通知到达何某。而承诺生效时合同成立，因此，何某与甲厂的合同关系成立，何某应当履行合同义务，不能拒收货物。

一、合同概述

合同是指平等主体的自然人、法人、其他组织之间设立、变更、终止民事权利义务关系的协议。其中，享有权利的人为债权人，承担义务的人为债务人。

二、合同的法律特征

在我国，合同作为一种重要的法律事实，具有下列法律特征。

（一）合同当事人的法律地位平等

合同的这一特征将非平等主体之间的协议排除在合同法调整之外。例如，政府机关为实现社会经济管理职能与被管理对象即行政相对人签订的责任状、责任书等协议，属于行政管理关系，就不属于合同法的调整范围，而适用有关行政管理法律、行政法规。企业、单位内部之间的管理关系，也不是平等主体之间的关系，同样不适用合同法的规定。

（二）合同是平等的当事人意思表示一致的协议

这是合同区别于单方法律行为的重要标志。单方法律行为依一方的意思表示即可成立，合同必须是双方或多方当事人经过协商所达成的共同的一致意思。这种一致意思是建立在当事人法律地位平等的基础上。

（三）合同是以设立．变更、终止民事权利义务关系为目的

作为一种民事行为，合同是法律事实，依据当事人的目的不同，或者使当事人形成某种民事权利义务关系，或者变更既存的民事权利义务关系，或者使既存的民事权利义务关系消灭。这是合同与法律行为以外的一般商量行为相区别的标志。

三、订立合同的条款

当事人订立合同，有书面形式、口头形式和其他形式。行政法规规定采用书面形式的，应当采用书面形式。当事人约定采用书面形式的，应当采用书面形式。书面形式是指合同书、信件和数据电文等可以有形地表现所载内容的形式。

合同的内容由当事人约定，一般应当包括以下条款：

（一）当事人的名称或者姓名和住所

这是对合同主体的要求。只有清楚合同当事人的名称或姓名，合同的主体才能特定化和具体化。合同主体的住所对于合同的履行和合同的管辖也非常重要。

（二）标的

标的是合同权利和义务共同指向的对象。标的是一切合同的主要条款，标的条款必须清楚地写明标的名称，以使标的特定化。

（三）数量和质量

这是确定合同标的的具体条件。标的质量要明确具体，数量要确切。质量要求不明确的，按照国家标准、行业标准履行；没有国家标准、行业标准的，按照通常标准或者符合合同目的的特定标准履行。

（四）价款或者报酬

这是当事人一方取得标的应当向对方支付的代价，因此，价款

或者报酬是有偿合同应当具备的条款。

（五）履行期限、地点和方式

履行期限直接关系到合同义务完成的时间，因而是重要的条款。地点是确定验收地点的依据，是确定费用负担、风险承担的依据。履行方式，如是一次交付还是分批交付，也同样关系到当事人的利益。

（六）违约责任

这是当事人违反合同义务应当承担的责任，在合同中应明确规定违约责任，以督促当事人自觉履行合同。

（七）解决争议的方法

当事人可在合同中约定，当发生纠纷时，是进行协商，还是申请仲裁或是诉讼。

四、合同的订立程序

当事人订立合同，通常分为要约和承诺两个阶段。

（一）要约

要约是要约人希望和他人订立合同的意思表示，也称为订约提议、发盘或发价。要约到达受要约人时生效。在要约的有效期内，要约人不得随意变更或撤回要约。如必须撤回要约的，其通知应当在要约到达受要约人之前或者与要约同时到达受要约人。

要约必须具备以下要件：

(1) 要约须由要约人向相对人作意思表示。当事人要约，是为了唤起相对人的承诺，进而成立合同。因此，要约必须向相对人作出。不以特定人为对象的缔约意思，只是一种宣传，通常被认为是要约邀请，如一般商业广告、价目表。

(2) 要约须是受相对人承诺拘束的意思表示。要约的目的是订立合同，因此要约成立时，要约人负有与相对人订立合同的义务，相对人一旦承诺，合同即告成。

（3）要约的内容必须明确具体。具体是指要约的内容必须具有足以使合同成立的主要条款，如不能包含合同的主要条款，即使作出承诺，也会因要约的意思残缺而无法成立合同。

要约到达受要约人时生效，要约人有接受承诺的义务，不得随意撤回、撤销或变更要约。要约生效后，受要约人获得承诺的权利，除有法律规定或预约外，受要约人不负承诺的义务；若不作承诺，也无须通知要约人。

（二）承诺

承诺是受要约人同意要约的意思表示，也称为接受提议或接盘。承诺的内容应当和要约的内容一致。《中华人民共和国合同法》规定，受要约人对要约的内容作出实质性变更的，为新要约。合同的内容以承诺的内容为准。承诺应当在要约规定的期限内到达要约人，自承诺到达要约人时生效。

承诺必须满足以下要件：

（1）由受要约人向要约人作出。承诺的意思表示一般应以通知的方式作出，并于到达要约人时生效。

（2）承诺的意思表示必须与要约的内容一致。承诺的内容必须与要约的内容一致是指受要约人必须同意要约的实质内容，而不得对要约的内容作实质性更改，否则不构成承诺，应视为对原要约的拒绝并作出一项新的要约。

（3）承诺必须在规定的期限内到达要约人。承诺的意思表示，只有在承诺规定的期限内到达才生效。逾期作出的承诺，视为新的要约。

承诺生效，合同即告成立。因此确认承诺的生效时间，即为认定合同成立的时间。承诺到达要约人时生效，承诺生效时合同成立。

五、合同的效力

合同的效力即合同的法律效力，是指依法成立的合同对当事人各方乃至第三人具有法律约束力。正如法律谚语所说的："契约是当事人间的法律。"因此，合同当事人必须全面履行合同规定的义务，否则，应依法承担法律责任。

（一）合同的生效

《中华人民共和国合同法》第三章对合同的生效作出了明确的规定：

第一，依法成立的合同，自成立时生效。

第二，法律、行政法规规定应当办理批准、登记等手续生效的，自批准、登记等手续办理齐备时生效。

第三，当事人对合同效力可以约定附条件。附生效条件的合同，自条件成就时生效。附解除条件的合同，自条件成就时失效。

第四，当事人对合同的效力可以约定附期限。附生效期限的合同，自期限届至时生效。附终止期限的合同，自期限届满时失效。

第五，采用书面形式订立合同。在签字或者盖章之前，当事人一方已经履行主要义务，对方接受的，该合同成立。

（二）无效合同

无效合同是指合同当事人违反法律规定而签订的合同。无效合同从订立时起就不具有法律约束力。如果无效合同或无效条款已经履行，由于它自始无效，所以，已履行的行为亦归无效。但合同部分无效，不影响其他部分效力的，其他部分仍然有效。

根据《中华人民共和国合同法》规定，出现下列三种情况者，合同无效。

第一，有下列情形之一的，合同无效：①一方以欺诈、胁迫的手段订立合同，损害国家利益；②恶意串通，损害国家、集体或者第三人利益；③以合法形式掩盖非法目的；④损害社会公共利益；⑤违反法律、行政法规强制性规定的。

第二，合同中的下列免责条款无效：①造成对方人身伤害的；②因故意或重大过失给对方造成财产损失的。

第三，因下列事由订立合同的当事人有权请求人民法院或者仲裁机构变更或者撤销合同：①因重大误解订立的；②在订立合同时显失公平的。

具有撤销权的当事人自知道或者应当知道撤销事由之日起一年内行使撤销权。当事人如果在一年之内不行使撤销权，撤销权消灭。

(三) 可变更或可撤销的合同

可变更或可撤销的合同是指当事人因对合同内容有重大误解而签订的合同，订立时显失公平的合同以及一方以欺诈、胁迫的手段或乘人之危使对方在违背真实意思表示的情况下订立的合同。重大误解是指合同一方当事人因对合同主要条款的错误认识，使合同履行的后果与自己的真实意思相悖，并造成较大损失的情形。显失公平是指一方当事人利用优势或对方没有经验，致使双方权利义务明显不对等，使一方遭受重大不利的行为。由于以上原因造成可变更或可撤销的情况，当事人享有一定期限内向特定机关（仲裁机构或人民法院）请求变更或撤销权。一般来说，撤销权人是受害的合同当事人。当事人请求予以变更合同的，应当变更；当事人请求撤销的，有权机关可以酌情予以变更或撤销。合同因变更引起损失的，由过错一方给对方适当补偿。合同被撤销的，则发生无效合同的法律后果。被撤销的合同自始没有法律约束力。但是，合同被撤销的，并不影响合同中独立存在的有关争议解决方法条款的效力，以利于双方当事人结清剩余权利义务关系，维护经济秩序的稳定。

(四) 效力待定的合同

效力待定的合同是指合同本身欠缺有效要件，具有瑕疵，又不绝对失去效力，能否发生预期的法律效力，尚待有权人追认的一类合同。这类合同在追认前，处于效力不确定状态。效力待定合同欠缺有效要件，但与无效合同欠缺有效要件有本质的区别。

无效合同欠缺有效要件，违背合同法则，严重侵害国家、社会公共利益，其瑕疵具有不可修复性。而效力未定合同并不损害合同法则，对社会公共利益的侵害相对轻微，其瑕疵可以修复，因此法律对它的否定性评价仅是相对的。效力待定的合同主要有这样几种：无民事行为能力人、限制民事行为能力人订立的合同；无权代理人、无权处分人订立的合同。《合同法》规定，只要双方出于善意的目的，都可以允许修复、确定合同的效力。如果经过有权人的追认，合同即完全有效，这样既注意保护了当事人的合法权益，达成了交易，又稳定了市场的秩序。

（五）合同无效或被撤销的法律后果

无效合同或可撤销的合同被确认无效后，将产生下列法律后果：

(1) 合同无效或者被撤销的，因该合同取得的财产应当予以返还。

(2) 不能返还或者没有必要返还的，应当折价补偿。所谓不能返还，是指应返还的物已被消费、损毁或者转归他人、去向不明等而无法返还。所谓没有必要返还，主要是指应当返还的财物已被善意第三人合法取得，或者善意第三人将财物再次进入流通领域又转让给他人等。有过错一方应当赔偿对方因此所受到的损失，双方都有过错的，应当各自承担相应的责任。

(3) 当事人恶意串通，损害国家、集体或者第三人利益的，因此取得的财产将归国家所有或者返还集体或第三人。

(4) 合同是否无效或可撤销，其确认权由人民法院或仲裁机关行使。

六、合同的履行

合同的履行是指合同生效后，双方当事人按照合同规定的各项条款，完成各自承担的义务和实现各自享受的权利，使双方当事人的合同目的得以实现的行为。

履行合同必须遵循以下原则：

（一）诚实信用原则

即当事人应当根据合同的性质、目的和交易习惯履行通知、协助、保密等义务，不得擅自变更或解除合同。履行中，因不可抗力而不能履行合同的全部或部分义务时，应及时通知对方；债权人在接受履行方面应提供协助或方便；对涉及的商业秘密和国家秘密，双方应当保密。

（二）实际履行原则

即当事人应按照法律规定或约定的标的履行合同，不得任意主张用其他标的来代替，也不能在有能力履行合同而对方又要求实际履行时故意不作实际履行而主张用支付违约金或赔偿损失的办法来代替。

如果当事人就有关合同内容约定不明确的，可以协议补充；不能达成补充协议的，按照合同有关条款或交易确定。仍不能确定的，适用下列规定：

（1）质量要求不明确的，按照国家标准、行业标准履行。

（2）没有国家标准、行业标准的，按照通常标准或符合合同目的的特定标准履行。价款或报酬不明确的，按照订立合同时履行地的市场价格履行；执行政府定价或政府指导价的，按照规定履行。

（3）履行地点不明确的，给付货币的，在接受货币一方所在地履行。

（4）交付不动产的，在不动产所在地履行；其他标的，在履行义务一方所在地履行。

（5）履行期限不明确的，债务人可随时履行，债权人也可以随时要求履行，但应当给对方必要的准备时间。

（6）履行方式不明确的，按照有利于实现合同目的的方式履行。履行费用的负担不明确的，由履行义务一方承担。

七、合同的变更与解除

（一）合同的变更

合同的变更是指依法成立的合同尚未履行或未完全履行之前，

当事人就其内容进行修改和补充而达成的协议。合同变更的类型主要包括：基于法律的规定直接变更；重大误解、显失公平的情况下变更；情势（事）变更；当事人各方协商一致变更；形成权人行使形成权等情况。其中，情势变更是指合同在有效成立后，非因当事人双方的过错使原合同继续履行的基础发生异常变更，致合同不能履行或合同继续履行将显失公平，因此根据诚实信用原则，当事人可以请求变更或解除合同。合同变更后，原合同失去效力。但是不影响合同约定的争议处理条款的效力，也不影响当事人要求赔偿损失的权利。

（二）合同的解除

合同的解除是指合同有效成立后，当解除的条件具备时，因当事人一方或双方的意思表示，使合同关系走向消灭的行为。合同解除以有效成立的合同为前提，合同解除必须具备解除的条件，合同解除产生使合同关系消灭的客观效果。合同解除主要分为单方解除和协议解除，法定解除和约定解除。约定解除的条件是当事人双方在合同中约定的或在其后另订的合同中约定的解除权产生的条件。只要不违反法律的强行性规定，当事人可以约定任何会产生解除权的条件。约定解除与协议解除的不同在于：约定解除是以合同来规定当事人一方或双方有解除权；而协议解除是以一个新合同来解除原订立的合同，与解除权无关。单方解除是指解除权人行使解除权将合同解除的行为；而法定解除则是法律直接规定了应当解除合同的情况，主要包括：因不可抗力致使不能实现合同目的；在履行期限届满之前，当事人一方明确表示或者以自己的行为表示不履行主要债务；当事人一方延迟履行主要债务，经催告后在合理期限内仍未履行的；当事人一方迟延履行债务或者有其他违约行为致使不能实现合同目的等情况。

第四节　农村常见侵权行为

一、侵权责任的判定

村民小毛进城打工，某晚到一小区茶坊为其师傅干杂活，到楼下倾倒垃圾并焚烧。突然旁边化粪池铁井盖飞起，砸到小毛的脸上，使他仰面跌倒，造成伤残。小毛认为他是因小区建筑设施遭受人身损害，作为小区所有人和管理人的物业公司应承担民事责任。

【评析】

本案中物业公司没有过错，化粪池的设计及铁井盖的安装均符合有关标准，被告在事发前1个月还对下水道及化粪池进行了清淤，尽到了合理限度内的管理职责。而受害人小毛也无过错：在倒垃圾时对其中不宜外传的字纸进行焚烧，符合人们的日常生活习惯，铁井盖因受热爆飞不是人们仅凭生活经验就可以判断的，尽管热胀冷缩的道理众所周知。所以对这起意外事故，原被告双方均无过错。根据《中华人民共和国民法通则》相关规定，物业公司应分担小毛部分损失。

在确定一个人的行为是否应当承担侵权责任时，依据以下原则来判定：

（1）过错责任原则。由于过错侵害他人人身、财产的，应当承担侵权责任。

（2）过错推定原则。依照法律规定，推定侵权人有过错的，受害人不必证明侵权人过错；侵权人能够证明自己没有过错的，不承担侵权责任。

（3）无过错责任原则。没有过错，但法律规定应当承担侵权责任的，应当承担侵权责任。

（4）公平责任原则。《中华人民共和国侵权责任法》（简称《侵权责任法》）第二十四条："受害人和行为人对损害的发生都没有过错的，可以根据实际情况，由双方分担损失。”

二、农村常见的侵权类型

（一）监护人承担责任的规定

村民张大毛有个10岁的儿子在校读书，因与同学发生争吵，将同学打伤，经送医院治疗，花费8 000余元。被打学生家长要求张大毛赔偿，张大毛认为被打孩子自身有错，爱上老师面前告状，惹恼了自己儿子，只同意赔偿2 000元。

【评析】

被监护人致害时，监护人应当承担赔偿责任。所以张大毛应当对儿子打伤同学的行为进行赔偿，其主张的理由不能成立。

侵权责任法规定：未成年人、精神病人造成他人损害的，由监护人承担侵权责任。监护人尽到监护责任的，可以减轻其侵权责任。如果未成年人、精神病人有财产，从本人财产中支付赔偿费用。不足部分，由监护人赔偿。

（二）个人劳务关系侵权责任的规定

村民刘某雇用两名外地人为自家收割晚稻，结果在运送稻谷劳作过程中，两名雇工没有控制好车头、也没拉住车尾，将路上一位老人撞伤。事故发生后两名雇工因害怕而逃走。那么，这一损害赔偿责任应由谁承担呢?

这涉及个人之间劳务关系侵权责任的承担问题，在这一事故中，两名雇工致老人受伤的损害赔偿责任应由村民刘某来承担。

侵权责任法规定：个人之间形成劳务关系，提供劳务一方因劳务造成他人损害的，由接受劳务一方承担侵权责任。提供劳务一方因劳务自己受到损害的，根据双方各自的过错承担相应的责任。

（三）公共场所发生损害的责任承担

村民刘某儿子考上大学，全家人都特别高兴，但儿子才走不到一年就发生意外事件，在一次节日欢庆活动中发生踩踏事件，儿子不幸遇难。刘某是否有权利要求赔偿，又应该向谁要求呢？

【评析】

刘某可以考虑要求赔偿，应当先确认该欢庆活动的组织者是谁，要求组织者承担未尽到安全保障义务的责任。

侵权责任法规定：宾馆、商场、银行、车站、娱乐场所等公共场所的管理人或者群众性活动的组织者，未尽到安全保障义务，造成他人损害的，应当承担侵权责任。因第三人的行为造成他人损害的，由第三人承担侵权责任；管理人或者组织者未尽到安全保障义务的，承担相应的补充责任。

（四）高度危险责任

某地区森林虫害严重，县森防站决定租用民航飞机飞洒农药溴氰菊酯（敌杀死）用以灭虫。森防站召开区域有关人员会议，宣传了防止人身中毒有关注意事项，布置了信导员，但未确定飞机洒药的具体时间。当飞机在某村附近作业时，因导航人员安排迟延，致农药喷洒面积扩大，误将一些农药投入到附近村庄里，造成三户村民饲养的动物死亡，经济损失 3 万元。这三户农民的损失应当向谁索赔呢？

【评析】

民法规定从事高度危险作业造成他人损害的，应当承担侵权责任。高度危险作业包括：民用核设施；民用航空器；易燃、易爆、剧毒、放射性；高空、高压、地下挖掘或高速轨道运输工具；遗失、抛弃高度危险物等作业。

侵权责任法进一步规定：占有或者使用易燃、易爆、剧毒、放射性等高度危险物造成他人损害的，占有人或者使用人应当承担侵权责任，但能够证明损害是因受害人故意或者不可抗力造成的，不承担责任。被侵权人对损害的发生有重大过失的，可以减轻占有人或者使用人的责任。

因此本案中三户农民的损失应当由负责喷洒农药作业的森防站予以赔偿。

（五）饲养动物造成损害的责任

林某在镇上拣回一条狗饲养，经过一段时间的驯养，觉得已经驯熟，就放松看管。不久邻家小孩经过林某家门口时，被狗咬伤，送医院救治花费 900 元。孩子的父母要求林某予以赔偿，但林某认为狗是自己捡回来的，应该找原来的主人去赔。林某的主张是否能成立呢？

【评析】

侵权责任法规定：饲养的动物造成他人损害的，动物饲养人或者管理人应当承担侵权责任，但能够证明损害是因被侵权人故意或者重大过失造成的，可以不承担或者减轻责任。同时还规定：遗弃、逃逸的动物在遗弃、逃逸期间造成他人损害的，由原动物饲养人或者管理人承担侵权责任。

本案中林某的狗虽然是他人遗弃或逃逸的动物，但是已经由林某加以收留饲养，林某已成为动物的饲养人，而并非是在遗弃、逃逸期间的动物致人损害，所以林某的主张不能成立，他应该承担赔偿责任。

（六）物件损害责任

村民吴某在村边公路旁建房，在路上堆放许多建筑材料，结果将骑摩托车从此处路过的另一村民绊倒摔伤，治疗花费近 2 000 元。吴某认为被摔伤的村民自己不够小心拒绝赔偿，那么此纠纷依法应如何处理呢？

【评析】

侵权责任法规定：在公共道路上堆放、倾倒、遗撒妨碍通行的物品造成他人损害的，有关单位或者个人应当承担侵权责任。因此吴某在此纠纷中应当承担赔偿责任。

与此类似的规定还有其他一些情形。侵权责任法里还规定：

(1) 建筑物、构筑物或者其他设施及其搁置物、悬挂物发生脱落、坠落造成他人损害，所有人、管理人或者使用人不能证明自己没有过错的，应当承担侵权责任。所有人、管理人或者使用人赔偿后，有其他责任人的，有权向其他责任人追偿。

(2) 建筑物、构筑物或者其他设施倒塌造成他人损害的，由建设单位与施工单位承担连带责任。建设单位、施工单位赔偿后，有其他责任人的，有权向其他责任人追偿。因其他责任人的原因，建筑物、构筑物或者其他设施倒塌造成他人损害的，由其他责任人承担侵权责任。

(3) 从建筑物中抛掷物品或者从建筑物上坠落的物品造成他人损害，难以确定具体侵权人的，除能够证明自己不是侵权人的外，由可能加害的建筑物使用人给予补偿。

(4) 堆放物倒塌造成他人损害，堆放人不能证明自己没有过错的，应当承担侵权责任。

(5) 因林木折断造成他人损害，林木的所有人或者管理人不能证明自己没有过错的，应当承担侵权责任。

(6) 在公共场所或者道路上挖坑、修缮安装地下设施等，没有设置明显标志和采取安全措施造成他人损害的，施工人应当承担侵权责任。井等地下设施造成他人损害，管理人不能证明尽到管理职责的，应当承担侵权责任。

第五章　婚姻、家庭和遗产继承

王梅姐弟两人年幼的时候，母亲不幸去世。父亲为了再娶，视他俩为包袱，经常打骂，不给饭吃，甚至锁上家门不让孩子们回家。姐弟俩只好流落街头，靠乞讨和捡破烂为生。后来姐弟俩长大成人，都有了自己的家庭，他们努力劳动，勤俭持家，日子过得很富裕。此时他们的父亲已经步入老年，就向王梅姐弟提出每月给2 000元赡养费的要求，若不给就到法院告他们虐待老人。

《中华人民共和国宪法》第三十三条规定："任何公民享有宪法和法律规定的权利，同时必须履行宪法和法律规定的义务。"《中华人民共和国婚姻法》第十五条规定："父母对子女有抚养教育的义务，子女对父母有赡养扶助的义务。"我国宪法和婚姻法等有关条文，都明确地规定了公民权利义务的一致性，这是正确处理权利义务关系的根本指导原则。只讲权利不尽义务或只尽义务不讲权利都是不正确的。故意抛弃未成年的子女，这种行为不仅应受到道德的谴责，而且应受到法律的制裁。故意不履行抚养子女的法律义务，却要求子女付给他赡养费，这种要求不符合权利义务平等性的原则，也不符合我国婚姻法的立法精神。因此，王父的请求法院是不会支持的。

第一节　婚姻家庭法律的基本原则

婚姻家庭关系不仅需要道德来维系，也需要法律来调整。婚姻家庭法是调整婚姻和家庭关系的法律规范的总称。婚姻家庭法的基本原则主要有：婚姻自由；一夫一妻；男女平等；保护妇女、老人和儿童的合法权益；实行计划生育；夫妻互相忠实，互相尊重，家庭成员间敬老爱幼，互相帮助。

第二节　结　婚

结婚是指男女双方依照法律规定的条件和程序，确立夫妻关系的法律行为。它包括三层含义：结婚必须是男女两性的结合；结婚必须符合法定条件并遵守法定程序；结婚是男女双方确立夫妻关系的法律行为。

结婚的法定条件分为必备条件和禁止条件。结婚的必备条件有三个：一是必须男女双方完全自愿。这是婚姻自由原则的必然要求，目的是维护公民的婚姻自主权。二是必须达到法定婚龄。《中华人民共和国婚姻法》规定，结婚年龄，男不得早于22周岁，女不得早于20周岁。晚婚晚育应予鼓励。三是必须符合一夫一妻制。婚姻当事人只有各自在未婚、离婚或丧偶的情况下才能结婚。有配偶而与他人结婚或明知他人有配偶而与之结婚的行为构成重婚罪，要承担法律责任。结婚的禁止条件：一是禁止直系血亲和三代以内旁系血亲结婚；二是禁止患有医学上认为不应当结婚的疾病的人结婚。

结婚除必须符合法定条件外，还必须符合法定程序，即要求结婚的男女双方必须亲自到婚姻登记机关进行结婚登记。符合规定条件的，予以登记，发给结婚证。取得结婚证，即确立夫妻关系。结婚登记是婚姻关系成立的法定标志。内地居民办理婚姻登记的机关是县级人民政府民政部门或者乡（镇）人民政府，省、自治区、直辖市人民政府可以按照便民原则确定农村居民办理婚姻登记的具体机关。

无效婚姻是指欠缺婚姻生效的法定要件而不具有法律效力的婚姻。婚姻无效的情形包括：重婚的；有禁止结婚的亲属关系的；婚前患有医学上认为不应当结婚的疾病，婚后尚未治愈的；未到法定婚龄的。因胁迫结婚的，受胁迫的一方可以向婚姻登记机关或者人民法院请求撤销婚姻。无效或被撤销的婚姻自始无效，当事人不具有夫妻的权利和义务。同居期间所得的财产，由当事人协议处理；协议不成由人民法院根据照顾无过错方的原则判决。当事人所生的子女，适用婚姻法有关父母子女的规定。

家庭关系。家庭关系包括夫妻关系、父母子女关系和其他家庭成员关系。夫妻关系包括人身关系和财产关系两个方面。夫妻间的人身关系是指夫妻双方与其人身不可分离而没有直接经济内容的在人格、身份、地位以及生育等方面的权利与义务关系。夫妻间的财产关系是指夫妻双方在财产、扶养和继承等方面的权利与义务关系。夫妻可以约定婚姻关系存续期间的财产以及婚前财产所有形式。父母子女关系是指父母与子女之间的权利与义务关系，具体包括：父母对子女有抚养教育的义务，有管教和保护未成年子女的权利和义务，同时是未成年子女的法定代理人和监护人。子女对父母有赡养扶助的义务，即经济上的必要帮助和精神上的关心照顾，这种义务是无条件的。父母与子女间有相互继承遗产的权利。此外，非婚生子女与生父母的关系，受继父或继母抚养的继子女与继父母的关系，养子女与养父母的关系，与婚生子女与父母的关系相同。其他家庭成员关系是指祖父母、外祖父母与孙子女、外孙子女之间，兄弟姐妹之间的权利义务关系。

第三节　离　婚

离婚是指夫妻双方依法解除婚姻关系的行为。处理离婚时必须遵循以下两个原则：一是保障离婚自由。男女双方自愿离婚或符合法定离婚条件的，应依法准予离婚。二是反对轻率离婚。离婚标志着夫妻关系的解除和终止，从而引起一系列法律后果，对家庭和社会都将产生一定的影响，所以离婚自由的原则不能滥用。

离婚有两种方式：一种是协议离婚，是指男女双方自愿离婚，并对子女抚养教育和夫妻财产分割等问题达成协议，到婚姻登记机关申请离婚的行为。另一种是诉讼离婚，是指一方要求离婚，另一方不同意离婚，或双方虽系自愿离婚，但在对子女抚养或夫妻财产分割未能达成协议的情况下，婚姻当事人向人民法院提起离婚诉讼的行为。

为了保护现役军人和妇女的特殊利益，《中华人民共和国婚姻法》规定：现役军人的配偶要求离婚时，须得军人同意，但军人有重大过错的除外；女方在怀孕期间、分娩后 1 年内或者终止妊娠 6 个月内，男方不得提出离婚，但女方提出离婚或人民法院认为确有必要受理男方离婚请求的，不在此限。

离婚只是从法律上解除了夫妻关系，父母与子女的血亲关系并不因此而消除，无论子女由哪方抚养，仍是父母双方的子女，故离婚后父母对子女仍有抚养和教育的权利和义务。任何一方都不得以任何借口侵害这种权利或逃避这种义务。不直接抚养子女的一方有探望子女的权利，另一方有协助的义务。离婚后子女抚养问题可以协议解决，协议不成由法院判决。至于离婚后的财产问题，夫妻共同财产由双方协议处理，协议不成由法院判决；原为夫妻共同生活所负债务应当共同偿还，共同财产不足清偿的，则由双方协议清偿，协议不成由法院判决。

《婚姻法》还规定了离婚过错损害赔偿制度。当夫妻一方有下列过错而导致离婚的，无过错方有权请求损害赔偿：重婚的；有配偶者与他人同居的；实施家庭暴力的；虐待、遗弃家庭成员的。有过错方应当向无过错方支付赔偿金。

道德和法律是社会生活的两种重要调控手段，它们从不同的角度保护着婚姻家庭这个人生的港湾。树立家庭美德，遵循婚姻法律规范，倡导和谐理念，培育和谐精神，是生活对人们提出的客观要求。同学们走进学校，离开了养育自己的父母，开始了独立的生活，也有了对未来的憧憬，应该在成长的过程中深刻地体会对婚姻和家庭所应当承担的责任和义务。

第四节　救助措施与法律责任

随着生物科技的发展，为亲子关系的认定提供了可靠的证据。婚姻法专门规定了有关亲子鉴定的问题，当事人一方可以起诉请求确认亲子关系，并提供必要证据予以证明。

一、家庭暴力的救助措施与法律责任

婚姻法规定，家庭成员遭受家庭暴力或虐待的，受害人有权请求居委会、村委会及所在单位予以劝阻、调解。对正在实施暴力的，居委会、村委会应当予以劝阻，公安机关应当予以制止。受害人提出请求的，公安机关应依照治安管理处罚条例予以行政处罚。

为切实保障所有家庭成员特别是妇女儿童权益，努力让每个家庭和睦幸福，我国在 2016 年 3 月颁布了《反家庭暴力法》，明确规定了对家庭暴力行为的预防、处置，并规定了人身安全保护令制度。受害者应当学会运用法律维护自己的合法权益。

（一）家庭暴力概述

家庭暴力是指近亲属如夫妻、父母子女、公婆媳、岳父母婿等之间实施的身体暴力、精神暴力及性暴力行为。

家庭暴力往往是日积月累、日复一日，受害人经常性地受到侵害，并呈循环性特点。受害人也希望施暴者痛改前非，而施暴者一次次重复，受害人一次次失望，在痛苦中度日。在这种情形下，受害人往往以“家丑不可外扬”的思想束缚而忍气吞声，致施暴者变本加厉。

在所有家庭暴力中最常见的是夫妻暴力，夫妻暴力指夫妻之间一切形式的身体暴力、精神暴力和性暴力行为。身体暴力如夫妻一方殴打另一方致死、致残、重伤的；夫妻间拳打脚踢、咬、掐、拧、推、搡、扇耳光等人身伤害或羞辱行为；妇女在孕产期间遭配偶殴打的；在离婚诉讼期间殴打或唆使他人殴打配偶的。精神暴力

如夫妻一方对另一方经常性的威胁、恫吓、辱骂，造成对方精神疾患的；以伤害相威胁，以损害家具、伤害动物、打骂孩子相恫吓，造成对方精神恐惧、安全受到威胁的；为达精神控制目的对配偶经常性的当众或私下恶意贬低、羞辱、挖苦、奚落、嘲笑、谩骂致对方不堪忍受的；经常刁难、干涉、猜疑、阻止、限制对方行动自由，影响对方正当工作生活的；公开带第三者回家同居羞辱配偶的。性暴力的具体行为是：经常以暴力强行与配偶发生性行为造成伤害后果的；酗酒后以暴力强行与配偶发生性行为，致对方不堪忍受的；患有传播性性疾病以暴力强行与配偶发生性行为的；以暴力方式强行对配偶实施变态性虐待的。

（二）家庭暴力的处置

1. 遭受家庭暴力受害人怎么办

家庭暴力受害人及其法定代理人、近亲属可以向加害人或者受害人所在单位、居民委员会、村民委员会、妇女联合会等单位投诉、反映或者求助。有关单位接到家庭暴力投诉、反映或者求助后，应当给予帮助、处理。

家庭暴力受害人及其法定代理人、近亲属也可以向公安机关报案或者依法向人民法院起诉。

单位、个人发现正在发生的家庭暴力行为，有权及时劝阻。

2. 儿童受到家庭暴力怎么办

学校、幼儿园、医疗机构、居民委员会、村民委员会、社会工作服务机构、救助管理机构、福利机构及其工作人员在工作中发现儿童遭受或者疑似遭受家庭暴力的，应当及时向公安机关报案。公安机关应当对报案人的信息予以保密。

3. 实施家庭暴力会受到怎样处理

（1）公安机关接到家庭暴力报案后应当及时出警，制止家庭暴力，按照有关规定调查取证，协助受害人就医、鉴定伤情。

（2）家庭暴力情节较轻，依法不给予治安管理处罚的，由公安机关对加害人给予批评教育或者出具告诫书。公安机关应当将告诫书送交加害人、受害人，并通知居民委员会、村民委员会。居民委员会、村民委员会、公安派出所应当对收到告诫书的加害人、受害人进行查访，监督加害人不再实施家庭暴力。

（3）加害人实施家庭暴力，构成违反治安管理行为的，依法给予治安管理处罚；构成犯罪的，依法追究刑事责任。

4. 家庭暴力的受害人可以得到什么样的救助

（1）政府应当为家庭暴力受害人提供临时生活帮助。

（2）法律援助机构应当依法为受害人提供法律援助。人民法院应当依法对家庭暴力受害人缓收、减收或者免收诉讼费用。

（3）监护人实施家庭暴力严重侵害被监护人合法权益的，人民法院可以根据被监护人的近亲属、居民委员会、村民委员会、县级人民政府民政部门等有关人员或者单位的申请，依法撤销其监护人资格，另行指定监护人。被撤销监护人资格的加害人，应当继续负担相应的赡养、扶养费用。

（4）妇女联合会、残疾人联合会、居民委员会、村民委员会等组织应当对实施家庭暴力的加害人进行法治教育，必要时可以对加害人、受害人进行心理辅导。

（三）人身安全保护令制度

当事人因遭受家庭暴力或者面临家庭暴力的现实危险，向人民法院申请人身安全保护令的，人民法院应当受理。当事人因受到强制、威吓等原因无法申请人身安全保护令的，其近亲属、公安机关、妇女联合会、居民委员会、村民委员会、救助管理机构可以代为申请。

人民法院作出人身安全保护令应当具备下列条件：有明确的被申请人；有具体的请求；有遭受家庭暴力或者面临家庭暴力现实危险的情形。

人身安全保护令可以包括下列措施：禁止被申请人实施家庭暴

力；禁止被申请人骚扰、跟踪、接触申请人及其相关近亲属；责令被申请人迁出申请人住所；保护申请人人身安全的其他措施。

加害人违反人身安全保护令，构成犯罪的，依法追究刑事责任；尚不构成犯罪的，人民法院应当给予训诫，可以根据情节轻重处以 1 000 元以下罚款、15 日以下拘留。

二、遗弃家庭成员的救助措施和法律责任

被遗弃的家庭成员，有权提出请求，居委会、村委会及所在单位应当予以劝阻、调解。受害人向人民法院提出请求支付抚养费、扶养费、赡养费的，人民法院应予支持。

三、隐藏、转移、变卖、毁坏夫妻共同财产的责任

离婚时，一方隐藏、转移、变卖、毁坏夫妻共同财产，或伪造债务企图侵占另一方财产的，对隐藏、转移、变卖、毁坏夫妻共同财产或伪造债务的一方，可以少分或不分。离婚后，另一方发现有上述行为的，可以向人民法院提起诉讼，请求再次分割夫妻共同财产。人民法院按民事诉讼法的规定，对这种行为予以制裁。

四、重婚和虐待、遗弃家庭成员的刑事责任

重婚和虐待、遗弃家庭成员，构成犯罪的，可以依刑法规定，当事人向人民法院提起自诉，或由人民检察院提起公诉，追究其刑事责任。

五、拒绝亲子鉴定的责任

当事人一方起诉请求确认亲子关系，并提供必要证据予以证明，另一方没有相反证据又拒绝做亲子鉴定的，人民法院可以推定请求确认亲子关系一方的主张成立。

六、夫妻关系存续期间要求分割共同财产的救济措施

婚姻关系存续期间，夫妻一方请求分割共同财产的，法院不予支持，但有下列重大理由且不损害债权人利益的除外：一方有隐藏、转移、变卖、毁损、挥霍夫妻共同财产或者伪造夫妻共同债务等严重损害夫妻共同财产利益行为的；一方负有法定扶养义务的人患重大疾病需要医治，另一方不同意支付相关医疗费用的。

第五节　遗产的继承

一、继承的概述

（一）继承中的相关概念

继承是指对死者生前的财产权利义务的承受，又称财产继承。在继承中其生前所享有的财产因其死亡而转移给他人的死者称为被继承人，被继承人死亡时遗留的财产为遗产，依法承受被继承人遗产的人为继承人。继承人包括法定继承人和遗嘱继承人。法定继承人指依照法律规定直接承受被继承人遗产的继承人。遗嘱继承人是指根据被继承人合法有效的遗嘱承继其遗产的继承人。《中华人民共和国继承法》（以下简称《继承法》）规定，遗嘱继承人只能是法定继承人中的一人或者数人。

国家、集体、或者法定继承人以外的人，虽然不能充当遗嘱继承人，但是可以以受遗赠人的身份承受立遗嘱人的遗产。

（二）继承法的基本原则

我国的继承法贯彻了下列基本原则。

1. 保护公民私有财产继承权的原则

这项原则体现在：

（1）公民死亡时遗留的个人合法财产，均为遗产，都得由继承

人依法继承。

(2) 遗产不收归国有等。

2. 继承权男女平等原则

这项原则体现在：

(1) 在同一顺序的法定继承人中，不得歧视妇女。

(2) 丧偶妇女有权处分继承的财产，他人不得干涉。

3. 互谅互让，团结和睦的原则

这项原则体现在：遗产分割的时间、办法和份额，由继承人协商，协商不成的，可同调解委员会协商或者向人民法院起诉。

4. 保护缺乏劳动能力又没有生活来源的人和利益原则

养老育幼，特别保护缺乏劳动能力又没有生活来源的人和利益原则，这项原则体现在：

(1) 在分配遗产时，对生活有特殊困难又缺乏劳动能力的继承人，应当予以照顾。

(2) 被继承人以遗嘱处分其财产时，应当为缺乏劳动能力又无生活来源的继承人保留必要的遗产份额。

(3) 遗产分割时，应当保留胎儿的继承份额。

5. 权利义务相一致原则

这项原则体现在：

(1) 在遗产分配上，对被继承人尽了主要赡养义务的，可以多分遗产。

(2) 对公、婆或者岳父、岳母尽了主要赡养义务的丧偶儿媳或女婿，有权继承公、婆或岳父、岳母的遗产。

(3) 在订有遗赠抚养协议的情况下，抚养人按照协议尽了抚养义务的，有受遗赠的权利；不履行协议，不尽抚养义务的，不能享有遗赠的权利。

(4) 对被继承人没有抚养义务而抚养较多的人，有权取得适当的遗产。

（5）遗弃、虐待、故意杀害被继承人的，丧失继承权。

（6）遗嘱继承或者遗赠附有义务的，继承人或受遗赠人应当履行义务。没有正当理由不履行义务的，人民法院可以取消其接受遗产的权利。

（三）继承权的丧失

有下列情形之一的，继承人丧失继承权：

（1）故意杀害被继承人的。

（2）为争夺遗产而杀害其他继承人的。

（3）遗弃被继承人或者虐待被继承人情节严重的。

（4）伪造、篡改或者销毁遗嘱，情节严重。

二、遗产的继承方式

（一）遗赠抚养协议

遗赠抚养协议是公民与抚养人或者集体所有制组织签订的关于抚养、遗赠的协议。其特征是：

（1）遗赠抚养协议应依据合同的订立程序来进行。自双方意思表示达成一致时起即可发生法律效力。

（2）双方当事人都负有一定法律义务。任何一方享受权利都是以履行一定的义务为代价的，如抚养人不履行对受抚养人的生死丧葬的义务，则不能享有要求遗赠的权利。

（3）是公民生前对自己死亡后遗留下的遗产的一种处置方式。遗赠抚养协议是遗产处理的依据，在处理遗产上具有最优先的效力。被继承人死亡后，有遗赠抚养协议的，就必须先执行遗赠抚养协议，而后才能进行继承。

（二）遗嘱继承和遗赠

1. 遗嘱

遗嘱的内容不可以随心所欲，需要符合遗嘱的有效条件。

遗嘱是指公民生前按照法律规定的方式，对其个人财产及与财产相关的其他事务进行预先的处分，并于死后发生法律效力的一种民事法律行为。遗嘱并不是想怎么写就怎么写，而应当符合遗嘱的有效条件：

（1）遗嘱人立遗嘱时必须有遗嘱能力，即独立自主地处分自己财产的资格。

（2）遗嘱必须是遗嘱人真实的意思表示，即在遗嘱人完全并确知遗嘱的法律后果的前提下，其主观愿望与遗嘱形式记载和反映的内容一致。

（3）遗嘱的内容必须合法，不违反法律强制性规定；只能处分个人合法财产，不得违反社会公序良俗；应当对缺乏劳动能力又没有经济来源的继承人保留必要的遗产份额。

（4）遗嘱必须符合法定形式。

遗嘱继承人的范围：遗嘱只能在法律所限定的范围中指定具体的继承人选，《继承法》第十六条规定：公民可以立遗嘱将个人财产指定由法定继承人的一人或者数人继承。公民可以立遗嘱将个人财产赠给国家、集体或者法定继承人以外的人。如果遗嘱指定接受遗产的人是法定继承人以外的人或组织，则属于遗赠。

遗嘱的形式包括五种：①公证遗嘱。②自书遗嘱。③代书遗嘱。④录音遗嘱。⑤口头遗嘱。

2. 遗赠

指公民以遗嘱的方式将遗产的一部或者全部无偿赠给国家、集体组织或者法定继承人以外的公民，并于其死后发生法律效力的法律行为。

（三）法定继承

张大爷一儿一女，女儿出嫁多年，老人与儿子、儿媳共同生活。后来老人的儿子在外打工因工伤去世，儿媳为了老人和子女没有再改嫁，继续与老人共同生活。老人去世后，女儿返回家中帮助料理后事，并提出自己是老人唯一合法继承人，老人的房产应当归自己继承。那么女儿的主张是否能得到支持呢?

【评析】

要处理好这起继承案件，就需要了解继承法规定的法定继承的制度。丧偶儿媳对公婆、丧偶女婿对岳父母，尽了主要赡养义务的，作为第一顺序继承人。上述案例中处理张大爷的遗留房产问题，应需要依据此项法律规定办理。

1. 法定继承的概念

法定继承是指根据法律直接规定的继承人的范围、继承的先后顺序、遗产份额分配的原则来继承被继承人遗产的一项法律制度。遗嘱继承的法律效力优先于法定继承。

2. 适用范围

继承开始后，按照法定继承办理；有遗嘱的，按遗嘱继承或遗赠办理；有遗赠抚养协议的，按照协议办理。所以一般来说，在被继承人生前未与他人订立遗赠抚养协议，又没有立遗嘱，或者遗赠抚养协议无效或不能执行，被继承人的遗嘱又全部或部分无效时，就适用法定继承。

3. 法定继承人的范围和继承顺序

第一顺序：配偶、子女、父母；

第二顺序：兄弟姐妹、祖父母和外祖父母。

继承开始后，由第一顺序继承人继承，第二顺序继承人不继承。没有第一顺序继承人的，由第二顺序继承人继承。

另外法律规定，丧偶儿媳对公婆、丧偶女婿对岳父母，尽了主要赡养义务的，作为第一顺序继承人。上述案例中处理张大爷的遗留房产问题，应需要依据此项法律规定办理。儿媳丧偶，但对公公尽了主要赡养义务，应作为第一顺序的继承人参与继承房产。

4. 代位继承

19 岁的青年小彬，自父母离婚后一直同母亲共同生活。但几年后母亲因病去世，小彬便与外祖父母一起生活。三年后，外祖父也病故，留下存款 15 万元，外祖父生前未立遗嘱。办完外祖父的丧事后，两个舅舅提出继承外祖父的遗产，小彬认为自己也有权继承，为此与舅舅发生争执。

【评析】

根据继承法代位继承的规定，小彬的母亲先于外祖父死亡，小彬有权代位继承，应当继承母亲应得的份额。当然，本案中小彬的外祖母也有权继承遗产。

代位继承指继承人先于被继承人死亡而由其晚辈直系血亲代位继承被继承人遗产的继承。代位继承的特征是：

（1）必须有被继承人的子女先于被继承人死亡的事实。

（2）代位继承人必须是被代位继承人的晚辈直系血亲，如子女、孙子女。

（3）代位继承人一般只能取得被代位人应得的遗产份额。

（4）被代位人必须具有继承权。

（5）代位继承人作为第一顺序的继承人。

5. 转继承

转继承是指继承人在继承开始后，遗产分割之前死亡，其应继承的遗产转由他的合法继承人来继承的制度。转继承与代位继承的区别是：

（1）发生的事实根据不同：转继承基于继承人后于被继承人死亡的事实，而且是继承开始以后死亡的事实；代位继承则是基于继承人先于被继承人死亡的事实。

（2）继承人的范围不同：转继承人可以是被继承人的晚辈直系血亲，也可以是被继承人的其他法定继承人，他们依各自顺序参加转继承，而且转继承人还可以是遗嘱继承人。代位继承的代位继承人只能是被代位继承人的晚辈直系血亲。

（3）适用的范围不同：转继承既可适用于法定继承，也可适用于遗嘱继承。代位继承则是法定继承的补充和特殊形式。

三、继承的其他问题

（一）无人继承又无人受遗赠的财产处理

继承开始以后，在法定期限内没有人接受继承又没有人受领遗赠的遗产，在对死者的债务清偿完毕以后，如有剩余，按《继承法》第三十二条规定，将遗产收归国家所有；死者生前是集体所有制组织成员的，则归其生前所在集体所有制组织所有。

（二）遗产债务的清偿原则

接受继承与承担债务清偿责任是相统一的，但继承人在其继承遗产的范围内承担债务清偿责任。超出遗产数额的债务，继承人可不予承担。

第六章　弱势群体的权益保障

第一节　妇女的权益保障

一、妇女的财产权益

民法上有句经典的话叫做无财产即无人格，人之所以称为人，也就是因为有人格，有尊严。财产权益对维护妇女的利益来说是重中之重。国家保障妇女享有与男子平等的财产权利。具体规定为：

(1) 在婚姻、家庭共有财产关系中，不得侵害妇女依法享有的权益。

(2) 农村划分责任田、口粮田等，以及批准宅基地，妇女与男子享有平等的权利，不得侵害妇女的合法权益。妇女结婚、离婚后，其责任田、口粮田和宅基地等，应当受到保障。

(3) 妇女享有的与男子平等的财产继承权受法律保护。在同一顺序法定继承人中，不得歧视妇女。丧偶妇女有权处分继承的财产，任何人不得干涉。

二、妇女的劳动和社会保障权益

近几年，从乡村进入城市的“农民打工妹”已经成为城市生活不可或缺的一支队伍。打工妹们很多面临着工作环境差、子女求学难等问题，因自身文化程度限制也缺乏自我保护的能力，“农民打工妹”权益被侵害的现象较普遍。在工作中打工妹的职业安全存在着许多问题，超时工作的现象极为普遍，而加班通常是以牺牲健康为代价的。为保障妇女的劳动和社会保障权益，妇女权益保障法规定：

（一）单位录用职工时的平等

各单位在录用职工时，除不适合妇女的工种或者岗位外，不得以性别为由拒绝录用妇女或者提高对妇女的录用标准。禁止招收未满 16 周岁的女工。

（二）工作时的平等

实行男女同工同酬。

（三）特殊保护

（1）任何单位均应根据妇女的特点，依法保护妇女在工作和劳动时的安全和健康，不得安排不适合从事的工作和劳动。

（2）妇女在经期、孕期、产期、哺乳期受特殊保护。《中华人民共和国劳动法》规定，女职工在孕期、产期、哺乳期内用人单位不得解除其劳动合同。《女职工劳动保护特别规定》中规定，不得在女职工怀孕期降低其基本工资或者解除劳动合同。

三、妇女的人身权益

保障妇女人身权益的具体规定为：

（1）妇女的人身自由不受侵犯。禁止非法拘禁和以其他非法手段剥夺或者限制妇女的人身自由，禁止非法搜查妇女的身体。

（2）妇女的生命健康权不受侵犯。禁止溺、弃、残害女婴，禁止歧视、虐待生育女婴的妇女和不育妇女，禁止用迷信、暴力手段残害妇女，禁止虐待、遗弃老年妇女。

（3）禁止拐卖、绑架妇女，禁止收买被拐卖、绑架的妇女。人民政府和有关部门必须及时采取措施解救被拐卖、绑架的妇女。被拐卖、绑架的妇女返回原籍的，任何人不得歧视，当地人民政府和有关部门应当做好善后工作。

（4）禁止卖淫、嫖娼。禁止组织、强迫、引诱、容留、介绍妇女卖淫或者雇用、容留妇女与他人进行猥亵活动。

（5）妇女的肖像权受法律保护。未经本人同意，不得以盈利为目的，通过广告、商标、展览橱窗、书刊等形式使用妇女肖像。

（6）妇女的名誉权和人格尊严受法律保护。禁止用侮辱、诽谤、宣扬隐私等方式损害妇女的名誉和人格。

四、妇女在婚姻家庭中的权益

（一）妇女享有婚姻自主权

禁止干涉妇女的结婚、离婚自由。妇女在婚姻家庭中享有的权益之一即为对男方离婚权的限制。即女方在怀孕期间、分娩后1年内或者按照计划生育的要求中止妊娠的，在手术后6个月内，男方不得提出离婚。女方提出离婚的，或者人民法院认为确有必要受理男方离婚请求的，不在此限。

（二）对家庭财产享有的权益

（1）妇女对依照法律规定的夫妻共同财产享有与其配偶平等的占有、使用、收益和处分的权利，不受双方收入状况的影响。

（2）国家保护离婚妇女的房屋所有权。夫妻共有的房屋，离婚时，分割住房由双方协议解决；协议不成的，由人民法院根据双方的具体情况，按照照顾女方和子女权益的原则判决。夫妻双方另有约定的除外。

夫妻共同租用的房屋，离婚时，女方的住房应当按照照顾女方和子女权益的原则协议解决。

夫妻居住男方单位的房屋，离婚时，女方无房居住的，男方有条件的应当帮助其解决。

（三）妇女对未成年子女享有平等的监护权

（1）父亲死亡、丧失行为能力或者有其他情形不能担任未成年子女的监护人的，母亲的监护权任何人不得干涉。

（2）离婚时，女方因实施绝育手术或者其他原因丧失生育能力的，处理子女抚养问题，应在有利子女权益的条件下，照顾女方的合理要求。

（四）生育的权利和自由

妇女有按照国家有关规定生育子女的权利，也有不生育的自由。育龄夫妻双方按照国家有关规定计划生育，有关部门应当提供安全、有效的避孕药具和技术，保障实施节育手术的妇女的健康和安全。

五、妇女权益受侵害的救济

妇女的合法权益受到侵害的，有四条救济渠道：一是要求有关部门依法处理；二是依法向仲裁机构申请仲裁；三是向人民法院起诉；四是向妇女组织投诉。

第二节　未成年人的特殊保护

在我国，年龄未满18周岁的人为未成年人。未成年人的生理、心理发育都还不成熟，世界观、人生观还未形成，可塑性很大，辨别是非、区分良莠的能力还较差，抵御社会上不良风气侵袭、诱惑的能力还较弱，更易受到各种违纪、违法、犯罪行为的侵害。

未成年人作为一个弱势群体，与成年人相比，自我保护意识和自我保护能力都较差，表现在当他们的合法权利受到不法侵害时，往往意识不到，甚或错误地认为也许本来就该如此。为了保障未成年人在生理、心理发展的过程中免受不法侵害，家庭、学校和社会必须对他们予以特殊保护。在具体实施中必须贯彻以下原则：

一、尊重未成年人的人格尊严

人格尊严是公民的一项基本权利。《中华人民共和国宪法》第三十八条明确规定：中华人民共和国公民的人格尊严不受侵犯。禁止用任何方式对公民进行侮辱、诽谤和诬告陷害。未成年人也是公民，其人格尊严同样受法律的确认和保护。《中华人民共和国未成年人保护法》第二十一条明确规定：“学校、幼儿园、托儿所的教职员工应当尊重未成年人的人格尊严，不得对未成年人实施体罚、变相体罚或者其他侮辱人格尊严的行为。”

二、适应未成年人身心发展的规律和特点

在我国，未成年人一般是指未满 18 周岁的公民。这个群体是身心发育尚未成熟的特殊群体，具有特殊的生理和心理特征。他们好奇，有朝气，重友情，情感丰富，也容易冲动。这些特征决定了未成年人非常需要国家、社会、学校和家庭给予特别的关心和爱护。

三、教育与保护相结合

国家、社会、学校和家庭应当教育和帮助未成年人维护自己的合法权益，增强自我保护的意识和能力，增强社会责任感。要把教育青少年、保护青少年、服务青少年作为我们整个社会一个重要课题，这需要所有社会成员的信心和努力。

第三节　未成年人保护法的基本内容

未成年人保护法强化了学校、社会对青少年的安全保护责任，全面充实了家庭、学校、社会和司法四大保护的内容。

一、家庭保护

未成年人保护法要求，对未成年人的信件、日记、电子邮件，任何组织或者个人不得隐匿、毁弃、开拆、查阅；未成年人不受遗弃、不受性别歧视；家长应保护孩子的受教育权以及杜绝家长某些不良习气的影响等。

二、学校保护

未成年人保护法规定，学校对品行有缺点的、学习有困难的学生，应当耐心教育、帮助，不得歧视，不得违犯法律和国家规定开除未成年学生；保证未成年学生的睡眠、娱乐和体育锻炼时间；尊重未成年人的人格尊严，不得对未成年人实施体罚、变相体罚或者其他侮辱人格尊严的行为。老师类似“教了多少年书没见过你这样的学生”“你有病”之类的言语，是许多孩子心中挥之不去的阴影，而且这也是一种违法行为。任何人不得在中小学校、幼儿园、托儿所的教室、寝室、活动室和其他未成年人集中活动的场所吸烟。从 2007 年 6 月 1 日起，学生可以理直气壮地制止老师在教学楼、休息室等公众场合的吸烟行为。

三、社会保护

未成年人保护法明确规定，向未成年人出售烟酒将被处罚。经营者应当在显著位置设置不向未成年人出售烟酒的标志；对难以判明是否已成年的，应当要求其出示身份证。

国家采取措施，预防未成年人沉迷网络。中小学校园周边不得设置营业性歌舞娱乐场所、互联网上网服务营业场所等不适宜未成年人活动的场所。不得允许未成年人进入这些场所，经营者应当在显著位置设置未成年人禁入标志；对难以判明是否已成年的，应当要求其出示身份证件。

未成年人保护法规定，学校、幼儿园应当建立安全制度，发生突发事件时，应当优先救护未成年人；教育行政等部门和学校应当根据需要，制定应对各种灾害、传染性疾病、食物中毒、意外伤害等突发事件的预案。

四、司法保护

在司法实践中，一些家庭困难的未成年人常常因为经济原因交不起诉讼费，请不起律师，只要未成年人需要，法律援助机构或法院应该为其提供法律援助；公安机关、人民检察院在询问未成年犯罪嫌疑人，询问未成年证人、被害人，应当有监护人在场；人民检察院免予起诉、人民法院免除刑事处罚或者宣告缓刑以及被解除收容教养或者服刑期满释放的未成年人，复学、升学、就业不受歧视。

第四节　老年人的权益保障

赡养人应当履行对老年人经济上供养、生活上照料和精神上慰藉的义务，要照顾老年人的特殊需要。子女不仅有义务给付赡养费，还有义务给予精神赡养，进行必要的看望或探视。

老年人的婚姻自由受法律保护，子女或者其他亲属不得干涉老年人离婚、再婚及婚后的生活。暴力干涉老年人婚姻自由，情节严重构成犯罪的要依法追究刑事责任。

一、家庭赡养与扶养

老年人养老以居家为基础，家庭成员应当尊重、关心和照料老年人。依据《中华人民共和国老年人权益保障法》的有关规定，赡养人在具体义务方面主要应遵守以下规定：

（1）赡养人应当履行对老年人经济上供养、生活上照料和精神上慰藉的义务，照顾老年人的特殊需要。

（2）赡养人应当使患病的老年人及时得到治疗和护理；对经济困难的老年人，应当提供医疗费用。对生活不能自理的老年人，赡养人应当承担照料责任；不能亲自照料的，可以按照老年人的意愿委托他人或者养老机构等照料。

（3）赡养人应当妥善安排老年人的住房，不得强迫老年人居住或者迁居条件低劣的房屋。老年人自有的或者承租的住房，子女或者其他亲属不得侵占，不得擅自改变产权关系或者租赁关系。老年人自有的住房，赡养人有维修的义务。

(4) 赡养人有义务耕种或者委托他人耕种老年人承包的田地，照管或者委托他人照管老年人的林木和牲畜等，收益归老年人所有。

(5) 家庭成员应当关心老年人的精神需求，不得忽视、冷落老年人。与老年人分开居住的家庭成员，应当经常看望或者问候老年人。

(6) 赡养人不得以放弃继承权或者其他理由，拒绝履行赡养义务。赡养人不履行赡养义务，老年人有要求赡养人付给赡养费等权利。赡养人不得要求老年人承担力不能及的劳动。

(7) 老年人的婚姻自由受法律保护，子女或者其他亲属不得干涉老年人离婚、再婚及婚后的生活。赡养人的赡养义务不因老年人的婚姻关系变化而消除。

(8) 老年人对个人的财产，依法享有占有、使用、收益和处分的权利，子女或者其他亲属不得干涉，不得以窃取、骗取、强行索取等方式侵犯老年人的财产权益。

老年人有依法继承父母、配偶、子女或者其他亲属遗产的权利，有接受赠与的权利。子女或者其他亲属不得侵占、抢夺、转移、隐匿或者损毁应当由老年人继承或者接受赠与的财产。

老年人以遗嘱处分财产，应当依法为老年配偶保留必要的份额。

(9) 禁止对老年人实施家庭暴力。

二、侵害老年人合法权益的法律责任

老年人对侵犯自己权益的行为，可以申请人民调解委员会或者其他有关组织进行调解，也可以直接向人民法院提起诉讼。农村常见的侵权责任类型包括以下四种：

(1) 老年人与家庭成员因赡养、扶养或者住房、财产等发生纠纷，有关组织调解时，应当通过说服、疏导等方式化解矛盾和纠纷；对有过错的家庭成员，应当给予批评教育。

人民法院对老年人追索赡养费或者扶养费的申请，可以依法裁定先予执行。

（2）干涉老年人婚姻自由，对老年人负有赡养义务、扶养义务而拒绝赡养、扶养，虐待老年人或者对老年人实施家庭暴力的，由有关单位给予批评教育；构成违反治安管理行为的，依法给予治安管理处罚；构成犯罪的，依法追究刑事责任。

（3）家庭成员盗窃、诈骗、抢夺、侵占、勒索、故意损毁老年人财物，构成违反治安管理行为的，依法给予治安管理处罚；构成犯罪的，依法追究刑事责任。

（4）侮辱、诽谤老年人，构成违反治安管理行为的，依法给予治安管理处罚；构成犯罪的，依法追究刑事责任。

第五节　残疾人的权益保障

一、残疾人的教育权利

目前，我国15岁及以上残疾人文盲率为43.29%。在6～14岁的学龄残疾儿童中，正在接受义务教育的只有63.19%。为此，法律规定：

1. 政府的义务

各级政府对接受义务教育的残疾学生、贫困残疾人家庭的学生提供免费教科书，并给予寄宿生活费等费用补助，对接受义务教育以外其他教育的残疾学生、贫困残疾人家庭的学生给予资助。

2. 机构的义务

普通教育机构对具有接受普通教育能力的残疾人实施教育，并为其学习提供便利和帮助。普通小学、初级中等学校，必须招收能适应其学习生活的残疾儿童、少年入学；普通高级中等学校、中等职业学校和高等学校，必须招收符合国家规定的录取要求的残疾考生入学，不得因其残疾而拒绝招收；拒绝招收的，当事人或者其亲属、监护人可以要求有关部门处理，有关部门应当责令该学校招收。普通幼儿教育机构应当接收能适应其生活的残疾幼儿。

二、残疾人的劳动就业权利

我国残疾人就业形势严峻，为保障残疾人劳动就业权利，国家实行以下制度：

1. 国家实行按比例安排残疾人就业制度

国家机关、社会团体、企业事业单位、民办非企业单位应当按照规定的比例安排残疾人就业，并为其选择适当的工种和岗位。达不到规定比例的，按照国家有关规定履行保障残疾人就业的义务。

2. 鼓励与扶持

农村基层组织应当组织和扶持农村残疾人从事种植业、养殖业、手工业和其他形式的生产劳动。

国家对安排残疾人就业达到、超过规定比例或者集中安排残疾人就业的用人单位和从事个体经营的残疾人，依法给予税收优惠，并在生产、经营、技术、资金、物资、场地等方面给予扶持。国家对从事个体经营的残疾人，免除行政事业性收费。

对申请从事个体经营的残疾人，有关部门应当优先核发营业执照。

对从事各类生产劳动的农村残疾人，有关部门应当在生产服务、技术指导、农用物资供应、农副产品购销和信贷等方面给予帮助。

3. 禁止强迫残疾人劳动

任何单位和个人不得以暴力、威胁或者非法限制人身自由的手段强迫残疾人劳动。

三、残疾人的文化权利

国家保障残疾人享有平等参与文化生活的权利。各级人民政府和有关部门鼓励、帮助残疾人参加各种文化、体育、娱乐活动，积极创造条件，丰富残疾人的精神文化生活。

法律规定，政府和社会应采取措施，丰富残疾人的精神文化生活，主要包括以下几方面。

（1）通过广播、电影、电视、报纸、图书、网络等形式，及时宣传报道残疾人的工作、生活等情况，为残疾人服务。

（2）组织和扶持盲文读物、盲人有声读物及其他残疾人读物的编写和出版，根据盲人的实际需要，在公共图书馆设立盲文读物、盲人有声读物图书室。

（3）开办电视手语节目，开办残疾人专题广播栏目，推进电视栏目、影视作品加配字幕、解说。

（4）组织和扶持残疾人开展群众性文化、体育、娱乐活动，举办特殊艺术演出和残疾人体育运动会，参加国际性比赛和交流。

（5）文化、体育、娱乐和其他公共活动场所，要为残疾人提供方便和照顾。要有计划地兴办残疾人活动场所。

四、残疾人的社会保障权利

地方各级政府对无劳动能力、无扶养人或者扶养人不具有扶养能力、无生活来源的残疾人，按照规定予以供养。

第七章　产品质量的保障和消费者权益的保护

第一节　产品质量法概述

产品质量法是调整在生产、流通和消费过程中的产品质量监督管理关系和产品质量责任关系的法律规范的总称。

《中华人民共和国产品质量法》（以下简称《产品质量法》）于1993年2月23日由第七届全国人大常务委员会第三十次会议通过，1993年9月1日起施行，根据2000年7月8日第九届全国人大常务委员会第十六次会议《关于修改〈中华人民共和国产品质量法〉的决定》进行了修正。该法共六章五十一条，内容包括总则，产品质量监督，生产者、销售者的产品质量责任和义务，损害赔偿，罚则，附则。

一、销售者的产品质量责任

销售者在从事商业活动时应当承担的产品质量责任包括：①应当执行进货检查验收制度，验明产品合格证明和其他标识；②应当采取措施，保持销售产品的质量；③不得销售失效、变质的产品；④销售的产品的标识应当符合法律的规定。

此外，产品的生产者、销售者不得生产、销售国家明令淘汰的产品，不得伪造产地，不得伪造或者冒用他人的厂名、厂址，不得伪造或者冒用认证标志，名优标志等质量标志；不得掺杂、掺假，不得以假充真、以次充好，不得以不合格商品冒充合格商品。

二、生产者的产品质量责任

生产者对其产品的内在质量负责，包括：①不存在危及人身、财产安全的不合理的危险，有保障人体健康，人身、财产安全的国家标准、行业标准的，应当符合该标准；②具备产品应当具备的使用性能；③符合在产品或其包装上注明采用的产品标准，符合以产品说明、实物样品等方式表明的质量状况。

生产者还要对其产品的外在标识负责，包括：①有产品质量检验合格证明；②有中文标明的产品名称、生产厂名和厂址；③根据产品的特点和使用要求标明产品规格、等级、所含主要成分的名称和含量；④限期使用的产品，标明生产日期和安全使用期或者失效日期；⑤使用不当、容易造成产品本身损坏或者可能危及人身、财产安全的产品，有警示标志或者中文警示说明。

三、违反产品质量法的责任

为保护用户、消费者的合法权益，产品质量法规定，生产者、销售者故意生产或销售不符合质量标准的产品，应承担法律责任。

（一）生产者的损害赔偿责任

产品质量法规定，因产品存在缺陷造成人身、缺陷产品以外的其他财产（简称“其他财产”）损害的，生产者应当承担赔偿责任。损害赔偿以产品存在缺陷为前提，即产品存在危及人身、他人财产安全的不合理的危险。损害赔偿还要求已经造成人身、财产的实际损害。

产品有保障人体健康，人身、财产安全的国家标准、行业标准的，生产者所生产的产品不符合该标准，但能证明有下列情形之一的，不承担赔偿责任：①未将产品投入流通的；②产品投入流通时，引起损害的缺陷尚不存在的；③将产品投入流通时的科学技术尚不能发现缺陷的存在的。

（二）销售者的损害赔偿责任

1. 修理、更换、退货责任

产品质量法规定，销售者对售出的产品有下列情形之一的，应当负责修理、更换、退货；给购买产品的用户、消费者造成损失的，销售者应当赔偿损失。

（1）不具备产品应当具备的使用性能而事先未作说明的。

（2）不符合在产品或者包装上注明采用的产品标准的。

（3）不符合产品说明、实物样品等方式表明的质量状况的。

销售者未按上述规定予以修理、更换、退货或者赔偿损失的，负责产品质量监督工作的部门或者工商行政管理部门责令改正。销售者负责修理、更换、退货、赔偿损失后，属于生产者的责任或者属于向销售者提供产品的其他销售者（简称“供货者”）的责任的，销售者有权向生产者、供货者追偿。

2. 赔偿责任

产品质量法对销售者的赔偿责任规定了下列情况：

（1）由于销售者的过错使产品存在缺陷的，造成人身、其他财产损害的，销售者应当承担赔偿责任。

（2）销售者不能指明缺陷产品的生产者，也不能指明缺陷产品的供货者的，销售者应当承担赔偿责任。

（三）赔偿数额

产品质量法规定，因产品存在缺陷造成受害人人身伤害的，侵害人应当赔偿医疗费、治疗期间的护理费、因误工减少的收入等费用；造成残疾的，还应当支付残疾者生活自助费、生活补助费、残疾赔偿金以及由其扶养的人所必需的生活费等费用；造成受害人死亡的，并应当支付丧葬费、死亡赔偿金以及由死者生前扶养的人所必需的生活费等费用。

因产品存在缺陷造成受害人财产损失的，侵害人应当恢复原状或者折价赔偿。受害人因此遭受其他重大损失的，侵害人应当赔偿损失。

四、消费者损害赔偿的追索

《中华人民共和国产品质量法》规定，因产品质量缺陷造成受害人人身、其他财产损害的，受害人既可以向产品的生产者要求赔偿，也可以向产品的销售者要求赔偿。属于产品生产者的责任，而销售者予以赔偿的，销售者有权向生产者追偿。属于销售者的责任，而生产者予以赔偿的，生产者有权向销售者追偿。

第二节　消费者权益保护

消费者是指为生活需要而购买、使用商品或者接受服务的单位和个人。消费者权益是指消费者依法享有的权利及应得利益。

消费者权益保护法是国家调整在保护消费者权益过程中发生的经济关系的法律规范的总称。1993 年 10 月 31 日第八届全国人民代表大会常务委员会第四次会议通过了《中华人民共和国消费者权益保护法》。

一、消费者的权利

根据我国《消费者权益保护法》的规定，我国消费者主要享有以下权利：人身、财产的安全权；知悉权；自主选择权；公平交易权；获得赔偿权；结社权；知识获得权；人格尊严、民族风俗习惯维护权；监督权；批评、建议、检举、控告权等。

二、经营者应当履行的义务

经营者的义务有：

（1）向消费者提供商品或服务，履行法定或约定的义务。

（2）听取消费者对其提供的商品或者服务的意见，接受消费者的监督。

(3) 保证其提供的商品或服务符合保障人身、财产安全的要求。

(4) 向消费者提供有关商品或服务的真实信息，明码标价，不作引人误解的虚假宣传。

(5) 标明经营者真实名称和标记。

(6) 向消费者出具购货凭证或者服务单据。

(7) 保证商品或服务的质量。

(8) 履行法定或约定的修理、更换、退货服务和损害赔偿责任。

(9) 不得以格式合同、通知、声明、店堂告示等方式作出对消费者不公平、不合理的规定，或者减轻、免除其损害消费者合法权益应当承担的民事责任。

(10) 不得对消费者进行侮辱、诽谤，不得搜查消费者的身体及携带的物品，不得侵犯消费者的人身自由。

三、消费者权益的保护

(1) 国家对消费者权益的保护。国家通过各种方式和有关机关的活动，保护消费者的权益。

(2) 消费者组织的保护。消费者和其他消费者组织是依法成立的对商品和服务进行社会监督的，保护消费者合法权益的社会团体。

(3) 社会监督和舆论监督。保护消费者的合法权益是全社会的共同责任。大众传播媒介应做好维护消费者合法权益的宣传，对损害消费者合法权益的行为进行舆论监督。

四、消费者协会的职能

对于消费纠纷数额较小的事件，相当多的消费者衡量维权成本后，出于各种原因不愿意维权。《中华人民共和国消费者权益保护法》明确了消费者协会的诉讼主体地位，对于群体性消费事件，消费者可以请求消费者协会提起公益诉讼。但如果是单一消费事件，消费者只能自行提起民事诉讼。

消费者协会是依法成立的对商品和服务进行社会监督的保护消费者合法权益的社会团体。消费者协会的职能如下：

（1）向消费者提供消费信息和咨询服务。

（2）参与制定有关消费者权益的法律、法规和强制性标准。

（3）参与有关行政部门对商品和服务的监督、检查。

（4）就有关消费者的合法权益问题，向有关部门反映、查询，提出建议。

（5）受理消费者的投诉，并对投诉事项进行调查、调解。

（6）投诉事项涉及商品和服务质量问题的，可以提请鉴定部门鉴定，鉴定部门应当告知鉴定结论。

（7）就损害消费者合法权益的行为，支持受损害的消费者提起诉讼。

（8）对损害消费者合法权益的行为，通过大众传播媒介予以揭露、批评。

消费者协会不得从事商品经营和盈利性服务，不得以牟利为目的向社会推荐商品和服务。

五、争议的解决

消费者与经营者之间发生消费者权益争议时，可通过下列途径解决：①与经营者协商和解；②请求消费者协会调解；③向有关行政部门（工商行政管理部门，物价管理部门，标准、计量部门等）提出申诉；④根据与经营者达成的仲裁协议提请仲裁机构仲裁；⑤向人民法院提起诉讼。

六、经营者的法律责任

《中华人民共和国消费者权益保护法》规定，经营者提供的商品或服务不符合规定要求，侵害消费者利益的，根据不同情况，承担民事责任、行政责任、刑事责任。

（一）经营者的民事责任

1. 承担民事责任的情形

经营者提供的商品或服务，有下列情形之一的，承担民事责任：

（1）商品或者服务存在缺陷的。

（2）不具备商品应当具备的使用性能而出售时未作说明的。

（3）不符合在商品或者包装上注明采用的商品标准的。

（4）不符合商品说明、实物样品等方式表明的质量状况的。

（5）国家明令淘汰的商品或者失效、变质的商品的。

（6）销售的商品数量不足的。

（7）服务的内容和费用违反约定的。

（8）对消费者提出的修理、重作、更换、退货、补足商品数量、退还货款和服务费用或者赔偿损失的要求，故意拖延或者无理拒绝的。

（9）法律、法规规定的其他损害消费者权益的情形。

2. 承担民事责任的方式和赔偿范围

（1）造成人身伤害的民事责任。经营者提供商品或者服务，造成消费者或者其他受害人人身伤害的，应当支付医疗费、护理费、交通费等为治疗和康复支出的合理费用，以及因误工减少的收入。造成残疾的，还应当支付残疾者生活辅助具费和残疾赔偿金。造成死亡的，还应当赔偿丧葬费和死亡赔偿金。

（2）侵害人格尊严、侵犯人身自由或者个人信息的，经营者应当停止侵害、消除影响、赔礼道歉，并赔偿损失。对于实施侮辱诽谤、搜查身体、侵犯人身自由行为、造成严重精神损害的，受害人可以要求赔偿精神损害。

（3）造成消费者财产损害的民事责任。经营者提供商品或者服务，造成消费者财产损害的，应当按照消费者的要求，以修理、重作、更换、退货、补足商品数量、退还货款和服务费用或者赔偿损失等方式承担民事责任。

（4）经营者以预收款方式提供商品或服务的，应当按照约定提供。未按约定提供的，应当按消费者的要求履行约定或者退回预付款，并应当承担预付款的利息、消费者必须支付的合理费用。

（5）商品不合格的民事责任。依法经有关行政部门认定为不合格的商品，消费者要求退货的，经营者应当负责退货。

（6）欺诈经营的加倍赔偿责任。经营者提供商品或者服务有欺诈行为的，应当按照消费者的要求增加赔偿其受到的损失，增加赔偿的金额为消费者购买商品的价款或者接受服务的费用的 3 倍。加倍赔偿的金额不足 500 元的，为 500 元。

经营者明知商品或者服务存在缺陷，仍然向消费者提供，造成消费者或其他受害人死亡或者健康严重损害的，受害人有权要求按相应法律规定赔偿损失，并有权要求所受损失 2 倍以下的惩罚性赔偿。

（二）对经营者的行政处罚

经营者有下列情形之一，除承担民事责任外，还应按其他法律、法规的规定进行处罚；其他法律、法规未规定的，由工商管理部门或其他有关行政部门责令改正，单处或并处警告、没收违法所得、处以违法所得 1 倍以上 10 倍以下的罚款，没有违法所得的，处以 50 万元以下的罚款；情节严重的，责令停业整顿、吊销营业执照。

（1）提供的商品或者服务不符合保障人身、财产安全要求的。

（2）在商品中掺杂、掺假，以假充真，以次充好，或者以不合格商品冒充合格商品的。

（3）生产国家明令淘汰的商品或者销售失效、变质的商品的。

（4）伪造商品的产地。伪造或者冒用他人的厂名、厂址，篡改生产日期，伪造或者冒用认证标志等质量标志的。

（5）销售的商品应当检验、检疫而未检验、检疫或者伪造检验、检疫结果的。

(6) 对商品或者服务做虚假或引人误解的宣传的。

(7) 拒绝或者拖延有关行政部门责令对缺陷商品或者服务采取停止销售、警示、召回、无害化处理、销毁、停止生产或服务等措施的。

(8) 对消费者提出的修理、重作、更换、退货、补足商品数量、退还货款和服务费用或者赔偿损失要求，故意拖延或者无理拒绝的。

(9) 侵害消费者人格尊严或者侵犯消费者人身自由的。

(10) 侵害消费者人格尊严、侵犯消费者人身自由或者侵害消费者个人信息依法得到保护的权利的。

(11) 法律、法规规定的对损害消费者权益应当予以处罚的其他情形。

经营者有前款规定情形的，除依照法律、法规规定予以处罚外，处罚机关应当记入信用档案，向社会公布。

第八章　妥善处理纠纷与理性维权

第一节　依法信访避免盲从

中华人民共和国《信访条例》规定，公民对相关组织、人员的职务行为有权向有关行政机关进行信访；如果采取走访的方式，须遵守相关的规定，否则可能构成非法上访，给自己带来不利的后果。

一、信访的事项

《信访条例》规定，信访人对下列组织、人员的职务行为反映情况，提出建议、意见，或者不服下列组织、人员的职务行为，可以向有关行政机关提出信访事项。

(1) 行政机关及其工作人员。

(2) 法律、法规授权的具有管理公共事务职能的组织及其工作人员。

(3) 提供公共服务的企业、事业单位及其工作人员。

(4) 社会团体或者其他企业、事业单位中由国家行政机关任命、派出的人员。

(5) 村民委员会、居民委员会及其成员。

对依法应当通过诉讼、仲裁、行政复议等法定途径解决的投诉请求，信访人应当依照有关法律、行政法规规定的程序向有关机关提出。这一规定意味着“可走法定程序的事项，将不作信访事项来受理”。

二、信访的方式及相关注意事项

（一）信访以书信方式为主

信访人提出信访事项，一般应当采用书信、电子邮件、传真等书面形式；信访人提出投诉请求的，还应当载明信访人的姓名（名称）、住址和请求、事实、理由。有关机关对采用口头形式提出的投诉请求，应当记录信访人的姓名（名称）、住址和请求、事实、理由。

（二）走访形式的注意事项

（1）信访人采用走访形式提出信访事项，应当向依法有权处理的本级或者上一级机关提出；信访事项已经受理或者正在办理的，信访人在规定期限内向受理、办理机关的上级机关再提出同一信访事项的，该上级机关不予受理。

（2）信访人采用走访形式提出信访事项的，应当到有关机关设立或者指定的接待场所提出。

（3）多人采用走访形式提出共同的信访事项的，应当推选代表，代表人数不得超过 5 人。

（4）《信访条例》规定信访人采用集体走访形式提出共同的信访事项的，可以向有权处理的国家机关预约，按照预约的时间和地点走访。

（三）非正常上访不予受理的情况

国家机关对下列情况的上访不予受理：

（1）群众集访拒不推选代表的。

（2）群众违反规定越级走访的。

（3）信访事项已经由有关国家机关受理或者正在办理，而信访人在规定期限内向国家机关重复走访的。

（4）信访事项终结后信访人仍反复上访的。

三、对信访人的约束

信访秩序要靠信访人、信访工作人员来共同建立和维护，信访人在行使合法权利的同时，应当遵守社会公共秩序，不得损害国家利益、社会公共利益和其他公民的合法权利；提出的信访事项客观真实，不得歪曲、捏造事实诬告、陷害他人；依照法律、法规规定的方式和程序进行信访活动。

信访人在信访过程中不得有下列行为：

（1）在国家机关办公场所周围、公共场所非法聚集，围堵、冲击国家机关，拦截公务车辆，或者堵塞、阻断交通的。

（2）携带危险物品、管制器具的。

（3）侮辱、殴打、威胁国家机关工作人员，或者非法限制他人人身自由的。

（4）在信访接待场所滞留、滋事，或者将生活不能自理的人弃留在信访接待场所的。

（5）煽动、串联、胁迫、以财物诱使、幕后操纵他人信访或者以信访为名借机敛财的。

（6）扰乱公共秩序、妨害国家和公共安全的其他行为。

四、违反信访规定的法律后果

（一）违反走访规定的法律责任

对于违反走访规定，未按有关机关设立或者指定的接待场所进行走访、多人采用走访形式未按规定推举代表人的，有关国家机关工作人员应当对信访人进行劝阻、批评或者教育。

经劝阻、批评和教育无效的，由公安机关予以警告、训诫或者制止；违反集会游行示威的法律、行政法规，或者构成违反治安管理行为的，由公安机关依法采取必要的现场处置措施、给予治安管理处罚；构成犯罪的，依法追究刑事责任。

（二）捏造歪曲事实、诬告陷害他人的法律责任

信访人捏造歪曲事实、诬告陷害他人，构成犯罪的，依法追究刑事责任；尚不构成犯罪的，由公安机关依法给予治安管理处罚。

第二节　仲裁

一、仲裁的概念、种类

仲裁，是指当事人双方达成书面协议，将争议交由第三方居中裁断，以确定双方权利义务关系，解决纠纷的活动。

我国的仲裁活动包括四方面内容，即经济合同仲裁、劳动争议仲裁、国际贸易仲裁和海事仲裁。为了更好地适应市场经济体制建设的要求和进一步扩大对外开放，我国第八届全国人大常委会于1994年通过了《中华人民共和国仲裁法》（简称《仲裁法》），该法于1995年9月1日起施行。

二、仲裁的特点

与诉讼相比较，仲裁具有下列特点：

第一，仲裁机构是民间组织而非官方机构。我国的仲裁机构是加入中国仲裁协会的会员，会员由各地的仲裁委员会组成，是社会团体法人，是仲裁委员会的自律性组织。各地的仲裁委员会独立于行政机关，它们之间以及与行政机关之间无隶属关系。这种仲裁机构的组织形式可与国际仲裁制度接轨。

第二，仲裁的自愿性。仲裁的自愿性表现在以下四个方面：①双方当事人必须达成书面的协议，自愿选择以仲裁方式解决纠纷，并服从裁决，对于单方提出的仲裁申请，仲裁委员会不予受理；②由双方当事人自愿选择仲裁地的仲裁委员会；③由双方当事人自愿选择仲裁员组成仲裁庭；④对于双方当事人达成了仲裁协议，一方又向法院起诉的，法院不予受理。

第三，秘密性。仲裁一般不公开进行，如果当事人协议公开的，可以公开，但涉及国家秘密的除外。这种制度对于保护商业秘密和当事人其他不愿公开的事项有重要作用。而司法适用和行政适用则一般要公开进行。

第四，效率性。仲裁实行一审终局制，裁决书自作出之日起即发生法律效力，使仲裁案件结案快，效率高。由于仲裁的程序较简便，当事人付出的经费和时间可相应减少，故解决纠纷的成本较低。

第五，国际仲裁还具有国际性的效力。根据 1958 年联合国通过的《承认及执行外国仲裁裁决公约》（简称《纽约公约》）的规定，在国际商贸及运输、保险等合同中订有仲裁条款的，任何缔约国的法院均不得受理因该合同发生的纠纷案；各缔约国均相互承认和执行仲裁的裁决（我国于 1987 年加入该公约）。在没有其他国际条约规定的前提下，各国法院的判决不会直接得到相互承认和执行，而仲裁的国际性效力大于法院的判决，在缔约国之间，对国际仲裁则可互相承认和执行。

三、仲裁的种类

（1）国内仲裁与涉外仲裁。国内仲裁所涉及的法律关系的主体、客体和内容中没有外国因素，只涉及国内贸易方面的争议。涉外仲裁中的双方当事人一般一方为本国企业、公司或其他经济组织，而另一方为外国的公司、企业或其他经济组织。

（2）普通仲裁和特殊仲裁。普通仲裁是指由非官方仲裁机构对民事、商事争议所进行的仲裁，包括大多数国家的国内民商事仲裁和国际贸易与海事仲裁。特殊仲裁是指由官方机构依据行政权力而不是依据仲裁协议所进行仲裁，它是由国家行政机关所实施的仲裁。

（3）临时仲裁和机构仲裁。临时仲裁是指事先不存在常设仲裁机构，当事人根据仲裁协议商定将某一争议提交给某一个或几个人作为仲裁员进行审理和裁决。争议解决之后，仲裁组织不再存在。机构仲裁是指事先存在常设仲裁机构，当事人根据协议将争议提交给它审理和裁决。机构仲裁有固定的组织，而且通常是按自己的仲裁规则实施仲裁程序。

四、仲裁的范围

仲裁法明确规定：仲裁适用于平等主体的公民、法人和其他组织之间发生的合同纠纷和其他财产权益纠纷。具体来说，应从以下两个方面来理解：①仲裁事项必须是合同纠纷和其他财产性法律关系的争议，非讼案件和非财产性纠纷，不能进行仲裁。例如，婚姻、收养、监护、抚养、继承等与人身权有关的案件不能进行仲裁。②仲裁事项必须是平等主体之间发生的且当事人有权处分的财产权益纠纷，由强制性法律规范调整的法律关系的争议不能进行仲裁。因此，依法应当由行政机关处理的行政争议，应排除在仲裁范围之外。

五、仲裁协议

仲裁协议是双方当事人达成的将已发生或可能发生的一定法律关系的争议提交仲裁，并服从裁决的约束的一种契约。仲裁协议是仲裁制度的基石。如果没有仲裁协议，那么严格意义上的仲裁制度是不存在的。

（1）仲裁协议的要件。仲裁协议的要件包括形式要件和实质要件。形式要件就是仲裁协议必须具备书面形式，当事人既可以在合同中订立仲裁条款，也可以在纠纷发生前后，以其他书面形式达成申请仲裁的协议。仲裁协议要写明提交仲裁的事项和选定的仲裁组织的名称，同时还应包括请求仲裁的意思表示。实质要件要求：①当事人必须有缔约能力；②意思表示必须真实；③当事人约定的仲裁事项不得超出法律规定的仲裁范围。

（2）仲裁协议的效力。仲裁协议一经双方当事人签字即合法成立。对于当事人来说，仲裁协议为当事人设定了一定义务，即把争议提交仲裁并不能任意更改、中止或撤销仲裁协议；同时，发生争议时，任何一方只能将争议提交仲裁，而不能向法院起诉。

六、仲裁程序

一个完整的仲裁程序应包括如下几个阶段。

（一）申请与受理

申请仲裁必须符合下列条件：首先，当事人在合同中订立有仲裁条款或事后达成书面仲裁协议；其次，必须有明确的被诉人、具体的仲裁请求、理由；最后，申请仲裁的事项属于法律允许仲裁组织的受理范围。仲裁申请应写明申请者的详细情况、仲裁请求和所根据的事实、理由以及证据和证据来源、证人姓名和住所。仲裁委员会收到仲裁申请书后，经审查，认为符合申请仲裁条件的，应当在5日内受理，并通知当事人；认为不符合受理条件的，应当在5日内通知当事人不予受理，并说明理由。

（二）组成仲裁庭

仲裁庭可以由三名仲裁员或者一名仲裁员组成。由三名仲裁员组成的，设首席仲裁员。当事人约定由三名仲裁员组成仲裁庭的，应当各自选定或者各自委托仲裁委员会主任指定一名仲裁员。第三名仲裁员是首席仲裁员，由当事人共同选定或者共同委托仲裁委员会主任指定。仲裁庭组成后，仲裁委员会应当将仲裁庭的组成情况书面通知当事人。

（三）开庭和裁决

（1）开庭。仲裁以开庭和不公开为原则。当事人协议不开庭或者协议公开的，依协议的约定。但是对于涉及国家机密的案件，当事人不得以协议约定公开进行。

（2）举证。当事人应当对自己的主张提供证据。仲裁庭认为有必要时，可以自行搜集证据。

（3）辩论。当事人有权在仲裁过程中进行辩论。辩论终结时，首席仲裁员或者独任仲裁员应当征得当事人的最后意见，并记入仲裁笔录。

（4）调解。在作出仲裁裁决前，仲裁庭可以根据当事人的申请或者依职权调解。调解达成协议的，应制作调解书或者根据协议的结果制作仲裁决定。调解书经双方当事人签收后，即与裁决书有同等的法律效力。

（5）和解。当事人在申请仲裁后，可以自行和解。达成和解协议的，可以请求仲裁庭根据和解协议作出裁决书，也可以撤回仲裁申请。

（6）裁决。裁决按照多数仲裁员的意见作出，少数仲裁员的不同意见可以记入笔录。仲裁庭不能形成多数意见的，裁决应当按首席仲裁员的意见作出。

七、人民法院对仲裁的支持与监督

人民法院通过民事诉讼程序采取强制措施，确保仲裁的顺利进行；依法维持生效仲裁裁决，以维护仲裁的权威性，并使仲裁裁决得以最终实现。

根据民诉法和仲裁法的规定，人民法院对仲裁进行监督有以下四种形式：

（1）对仲裁协议效力进行确认。当事人对仲裁协议的效力有异议的，可以请求人民法院作出裁定；如果一方当事人请求仲裁机构作出决定，另一方当事人请求人民法院裁定的，由人民法院作出最终裁定。

（2）撤销仲裁裁决。仲裁庭作出裁决后，如果具有法律规定的可撤销情形，人民法院有权裁定撤销仲裁裁决。

（3）通知重新仲裁。在一定条件下，人民法院可以要求仲裁庭对已经作出裁决的案件重新进行仲裁。《仲裁法》第六十一条规定：人民法院受理撤销裁决的申请后，认为可以由仲裁庭重新仲裁的，通知仲裁庭在一定期限内重新仲裁，并裁定中止撤销程序。仲裁庭拒绝重新仲裁的，人民法院应当裁定恢复撤销程序。

（4）不予执行仲裁裁决。不予执行仲裁裁决是指一方当事人向法院申请强制执行仲裁裁决后，人民法院根据被申请人提出的证据或依职权进行审查，认为仲裁裁决具有法律规定的情形的，可以裁定不予执行。

第三节　调解制度

调解制度是指经过第三者的排解疏导，说服教育，促使发生纠纷的双方当事人依法自愿达成协议，解决纠纷的一种活动。它已形成了一个调解体系，主要的有以下三种：

一、人民调解

人民调解即民间调解，是人民调解委员会对民间纠纷的调解，属于诉讼外调解。目前规范人民调解工作的法律依据，主要是《中华人民共和国宪法》、《中华人民共和国民事诉讼法》、《人民调解委员会组织条例》以及《人民调解工作若干规定》等法律法规。

人民调解委员会是调解民间纠纷的群众性组织。它可以采用下列形式设立：①农村村民委员会、城市（社区）居民委员会设立的人民调解委员会；②乡镇、街道设立的人民调解委员会；③企业事业单位根据需要设立的人民调解委员会；④根据需要设立的区域性、行业性的人民调解委员会。

人民调解员是经群众选举或者接受聘任，在人民调解委员会领导下，从事人民调解工作的人员。人民调解委员会委员、调解员，统称人民调解员。人民调解委员会由委员三人以上组成，设主任一人，必要时可以设副主任。多民族聚居地区的人民调解委员会中，应当有人数较少的民族的成员。人民调解委员会中应当有妇女委员。担任人民调解员的条件是：为人公正，联系群众，热心人民调解工作，具有一定法律、政策水平和文化水平。乡镇、街道人民调解委员会委员应当具备高中以上文化程度。人民调解员任期三年，每三年改选或者聘任一次，可以连选连任或者续聘。

人民调解委员会调解的民间纠纷，包括发生在公民与公民之间、公民与法人和其他社会组织之间涉及民事权利义务争议的各种纠纷。人民调解委员会不得受理调解下列纠纷：①法律、法规规定只能由专门机关管辖处理的，或者法律、法规禁止采用民间调解方式解决的；②人民法院、公安机关或者其他行政机关已经受理或者解决的。

人民调解委员会可以根据纠纷当事人的申请，受理调解纠纷；当事人没有申请的，也可以主动调解，但当事人表示异议的除外。人民调解委员会调解民间纠纷不收费。在人民调解活动中，纠纷当事人享有下列权利：①自主决定接受、不接受或者终止调解；②要求有关调解人员回避；③不受压制强迫，表达真实意愿，提出合理要求；④自愿达成调解协议。

二、法院调解

这是人民法院对受理的民事案件、经济纠纷案件和轻微刑事案件进行的调解，是诉讼内调解。对于婚姻案件，诉讼内调解是必经的程序。至于其他民事案件是否进行调解，取决于当事人的自愿，调解不是必经程序。法院调解书与判决书有同等效力。

三、行政调解

行政调解是国家行政机关处理行政纠纷的一种方法。国家行政机关根据法律规定，对属于本机关职权管辖范围内的行政纠纷，通过耐心的说服教育，使纠纷的双方当事人互相谅解，在平等协商的基础上达成一致协议，从而合理地、彻底地解决纠纷矛盾。

行政调解主要包括四类：一是基层人民政府对民事纠纷和轻微刑事案件进行的调解；二是合同管理机关依据《合同法》规

定，对合同纠纷进行的调解；三是公安机关依据《治安管理处罚法》和《道路交通安全法》等规定，对部分治安和交通事故案件进行的调解；四是婚姻登记机关依据《婚姻法》规定，对婚姻双方当事人进行的调解。

第四节　法律援助

《法律援助条例》已经于 2003 年 7 月 16 日国务院第十五次常务会议通过，2003 年 9 月 1 日起施行。

法律援助制度是指由国家设立专门机构，为经济困难或者特殊案件的当事人减轻费用，提供法律服务的一项法律制度。法律援助制度起源于律师为贫困的当事人免费提供法律服务的道义行为，后来逐渐演变为现代法治国家一项不可缺少的法律制度，是法律文明与社会进步的体现。

一、法律援助的范围

公民对下列需要代理的事项，因经济困难没有委托代理人的，可以向法律援助机构申请法律援助。

（1）依法请求国家赔偿的；

（2）请求给予社会保险待遇或者最低生活保障待遇的；

（3）请求发给抚恤金、救济金的；

（4）请求给付赡养费、扶养费、抚养费的；

（5）请求支付劳动报酬的；

（6）主张因见义勇为行为产生的民事权益的；

（7）请求工伤、医疗事故、交通事故赔偿的；

（8）因遭受家庭暴力、虐待、遗弃请求维护合法权益的；

（9）农民工、老年人、残疾人、未成年人请求人身损害赔偿的。省、自治区、直辖市人民政府可以对上述规定以外的法律援助事项做出补充规定。

刑事诉讼中有下列情形之一，公民可以向法律援助机构申请法律援助。

（1）犯罪嫌疑人在被侦查机关第一次讯问后或者采取强制措施之日起，因经济困难没有聘请律师的；

（2）公诉案件中的被害人及其法定代理人或者近亲属，自案件移送审查起诉之日起，因经济困难没有委托诉讼代理人的；

（3）自诉案件的自诉人及其法定代理人，自案件被人民法院受理之日起，因经济困难没有委托诉讼代理人的。

公诉人出庭公诉的案件，被告人因经济困难或者其他原因没有委托辩护人，人民法院为其指定辩护时，法律援助机构应当提供法律援助。其次，被告人是盲、聋、哑人或者未成年人而没有委托辩护人的，或者被告人可能被判处死刑而没有委托辩护人的，人民法院为被告人指定辩护时，法律援助机构应当提供法律援助，无须对被告人进行经济状况的审查。

二、法律援助的机构

法律援助是政府的责任，县级以上人民政府应当采取积极措施推动法律援助，为法律援助提供财政支持，保障法律援助事业与经济、社会协调发展。

另外，根据司法部颁布的《关于开展法律援助工作的通知》规定，法律援助机构负责审查和批准援助申请的工作人员有下列情况之一的，应当回避。

（1）援助事项的申请人或申请人的亲属；

（2）与申请事项有直接利害关系。

法律援助机构对法律援助申请，应按规定进行审查。审查内容包括：

（1）按本通知规定是否应由本法律援助中心受理；

（2）是否符合本通知规定的法律援助受援条件。

法律援助机构认为申请人提供的材料不完备或有疑义的，应及时通知申请人作具体的补充或向有关单位、个人索取相关证明，并可视情况进行调查。

三、法律援助的程序

公民就《法律援助条例》规定事项申请法律援助，应当按照以下程序办理。

请求国家赔偿的，向赔偿义务机关所在地的法律援助机构提出申请；请求给予社会保险待遇、最低生活保障待遇或者请求发给抚恤金、救济金的，向提供或发放义务机关所在地的法律援助机构提出申请；请求给付赡养费、抚养费、扶养费的，向给付义务人住所地的法律援助机构提出申请；请求支付劳动报酬的，向支付义务人所在地的法律援助机构提出申请；因见义勇为行为产生的民事权益的，向被请求人所在地法律援助机构提出申请。

1. 提出法律援助的申请人，应当同时提交以下材料。

（1）申请人的基本情况；

（2）申请法律援助的事实和理由；

（3）申请人的经济状况；

（4）申请人提供的证明、证据材料清单；

（5）申请人保证所提交的证明及证据材料属实的声明。

书写有困难的申请人，可口头提出申请，由接待人员按上述要求记入笔录，申请人签字或按指印确认。

涉及刑事诉讼的申请人申请法律援助的，应当向审理案件的人民法院所在地的法律援助机构提出申请。

2. 公民申请代理、刑事辩护的法律援助应当提交下列证件、证明材料。

（1）身份证或者其他有效的身份证明，代理申请人还应当提交有代理权的证明；

（2）经济困难的证明；

（3）与所申请法律援助事项有关的案件材料。

申请应当采用书面形式，填写申请表。

法律援助机构收到法律援助申请后，应当进行审查。对符合法律援助条件的，法律援助机构应当及时决定提供法律援助；对不符合法律援助条件的，应当书面告知申请人理由。申请人对法律援助机构做出的不符合法律援助条件的通知有异议的，可以向该机构的司法行政部门提出，司法行政部门应当在收到之日起 5 个工作日内进行审查，经审查认为申请人符合法律援助条件的，应当以书面形式责令法律援助机构及时对该申请人提供法律援助。

第五节　社会救助关怀特困者

一、农村最低生活保障制度

地方政府为家庭人均纯收入低于当地最低生活保障标准的农村贫困群众，按最低生活保障标准，提供维持其基本生活的物质帮助。

（一）农村最低生活保障标准

农村最低生活保障标准由县级以上地方人民政府按照能够维持当地农村居民全年基本生活所必需的吃饭、穿衣、用水、用电等费用确定，并报上一级地方人民政府备案后公布执行。农村最低生活保障标准随着当地生活必需品价格变化和人民生活水平提高适时进行调整。

（二）农村最低生活保障对象

农村最低生活保障对象是家庭年人均纯收入低于当地最低生活保障标准的农村居民，主要是因病残、年老体弱、丧失劳动能力以及生存条件恶劣等原因造成生活常年困难的农村居民。

（三）农村最低生活保障管理

建立农村最低生活保障制度，实行地方人民政府负责制，按属地进行管理。从农村实际出发，采取以下简便易行的方法：

1. 申请、审核和审批

申请农村最低生活保障，一般由户主本人向户籍所在地的乡（镇）人民政府提出申请；村民委员会受乡（镇）人民政府委托，也可受理申请。受乡（镇）人民政府委托，在村党组织的领导下，村民委员会对申请人开展家庭经济状况调查、组织村民会议或村民代表会议民主评议后提出初步意见，报乡（镇）人民政府；乡（镇）人民政府审核后，报县级人民政府民政部门审批。乡（镇）人民政府和县级人民政府民政部门要核查申请人的家庭收入，了解其家庭财产、劳动力状况和实际生活水平，并结合村民民主评议，提出审核、审批意见。在核算申请人家庭收入时，申请人家庭按国家规定所获得的优待抚恤金、计划生育奖励与扶助金以及教育、见义勇为等方面的奖励性补助，一般不计入家庭收入，具体核算办法由地方人民政府确定。

2. 民主公示

村民委员会、乡（镇）人民政府以及县级人民政府民政部门要及时向社会公布有关信息，接受群众监督。公示的内容重点为最低生活保障对象的申请情况和对最低生活保障对象的民主评议意见，审核、审批意见，实际补助水平等情况。对公示没有异议的，要按程序及时落实申请人的最低生活保障待遇；对公示有异议的，要进行调查核实，认真处理。

3. 资金发放

最低生活保障金原则上按照申请人家庭年人均纯收入与保障标准的差额发放，也可以在核查申请人家庭收入的基础上，按照其家庭的困难程度和类别分档发放。

4. 动态管理

乡（镇）人民政府和县级人民政府民政部门要采取多种形式，定期或不定期调查了解农村困难群众的生活状况，及时将符合条件的困难群众纳入保障范围，并根据其家庭经济状况的变化，及时按程序办理停发、减发或增发最低生活保障金的手续。保障对象和补助水平变动情况都要及时向社会公示。

二、特困人员供养制度

国家对无劳动能力、无生活来源且无法定赡养、抚养、扶养义务人，或者其法定赡养、抚养、扶养义务人无赡养、抚养、扶养能力的老年人、残疾人以及未满 16 周岁的未成年人，给予特困人员供养。

1. 特困人员供养的内容

（1）提供基本生活条件。

（2）对生活不能自理的给予照料。

（3）提供疾病治疗。

（4）办理丧葬事宜。

2. 如何申请特困人员供养

申请特困人员供养，由本人向户籍所在地的乡（镇）人民政府提出书面申请；本人申请有困难的，可以委托村民委员会代为提出申请。

3. 特困人员可以得到何种方式的供养

特困供养人员可以在当地的供养服务机构集中供养，也可以在家分散供养。特困供养人员可以自行选择供养形式。

三、受灾人员的医疗、教育救助

（一）受灾人员的救助

国家建立了自然灾害救助制度，对基本生活受到自然灾害严重影响的人员，提供生活救助。其具体措施包括：

（1）政府设立自然灾害救助物资储备库，保障自然灾害发生后救助物资的紧急供应。

（2）自然灾害发生后，政府或其相关机构应当根据情况紧急疏散、转移、安置受灾人员，及时为受灾人员提供必要的食品、饮用水、衣被、取暖、临时住所、医疗防疫等应急救助。

（3）灾情稳定后，受灾地区县级以上人民政府应当评估、核定并发布自然灾害损失情况。受灾地区人民政府应当在确保安全的前提下，对住房损毁严重的受灾人员进行过渡性安置。

（4）自然灾害危险消除后，政府民政等部门应当及时核实本地区居民住房恢复重建补助对象，并给予资金、物资等救助。自然灾害发生后，政府应当为因当年冬寒或者次年春荒遇到生活困难的受灾人员提供基本生活救助。

（二）医疗救助

医疗救助的对象包括最低生活保障家庭成员，特困供养人员，县级以上人民政府规定的其他特殊困难人员。

医疗救助采取下列方式：

（1）对救助对象参加城镇居民基本医疗保险或者新型农村合作医疗的个人缴费部分，给予补贴。

（2）对救助对象经基本医疗保险、大病保险和其他补充医疗保险支付后，个人及其家庭难以承担的符合规定的基本医疗自负费用，给予补助。

（三）教育救助

国家对在义务教育阶段就学的最低生活保障家庭成员、特困供养人员，给予教育救助。对在高中教育（含中等职业教育）、普通高等教育阶段就学的最低生活保障家庭成员、特困供养人员，以及不能入学接受义务教育的残疾儿童，根据实际情况给予适当教育救助。

教育救助根据不同教育阶段的需求，采取减免相关费用、发放助学金、给予生活补助、安排勤工助学等方式实施，保障教育救助对象基本学习、生活需求。

第九章　如何打官司

第一节　我国的民事诉讼法律制度

民事诉讼，是指人民法院在双方当事人和其他诉讼参加人参加下，审理和解决民事案件的活动。它的特点是：①人民法院的审判活动在全过程起着主导作用；②参加诉讼的双方当事人的法律地位是平等的；③审理和解决的是有关财产关系和人身关系的民事案件。

民事诉讼法，是规定人民法院和诉讼参加人在审理民事案件中进行各种诉讼活动所应遵循的程序制度的法律规范的总称。我国于1982年3月8日第五届全国人大常务委员会第二十二次会议通过颁布了《中华人民共和国民事诉讼法（试行）》，同年10月1日起试行。经过9年的试行，于1991年4月9日第七届全国人大第四次会议通过修改后的《中华人民共和国民事诉讼法》（简称《民事诉讼法》），并于同日公布施行。

一、主管与管辖

（一）主管

主管是指人民法院与其他国家机关、社会团体之间解决民事纠纷的分工和权限。民事诉讼法是保证民法实施的程序法，所以法律将民事法律关系发生的争议作为法院民事诉讼主管的对象。根据《中华人民共和国民法通则》第三条规定，人民法院受理公民之间、法人之间、其他社会组织之间以及它们相互之间因财产关系和人身关系提起的民事诉讼，适用本法的规定。

（二）管辖

管辖，是指各级人民法院或同级人民法院受理第一审民事纠纷案件的权限分工。主要包括以下几种：级别管辖，是指上下级人民法院之间受理第一审民事案件的分工权限。它解决人民法院内部的纵向分工。我国实行“四级两审”制，共有四级人民法院，每一级人民法院都受理第一审民事案件。地域管辖，是指同级人民法院之间受理第一审民事案件的权限分工，它主要解决法院内部的横向分工问题。地域管辖又分为一般地域管辖和特殊地域管辖。专属管辖，是指法律规定某些特殊类型的案件专门由特定法院管辖。裁定管辖，是指法院以裁定的方式确定诉讼的管辖。民事诉讼法规定的裁定管辖有三种，即移送管辖、指定管辖和管辖权的转移。

二、民事诉讼当事人与代理人

民事诉讼当事人，是指因民事权利义务发生争议，以自己的名义进行诉讼，要求法院行使民事裁判权的人。狭义上的当事人，仅指原告和被告。广义上的当事人，还包括共同诉讼人、第三人。原告，是指为维护自己或自己所管理的他人的民事权益，而以自己名义向法院起诉，从而引起民事诉讼程序发生的人。被告，是指被原告诉称侵犯原告民事权益或与原告发生民事争议，而由法院通知应诉的人。共同诉讼，是指当事人一方或双方为两人以上的诉讼。原告为两人或两人以上的称共同原告；被告为两人或两人以上的称为共同被告。

共同原告和共同被告都叫做共同诉讼人。民事诉讼的第三人，是指对原告和被告所争议的诉讼标的有独立的请求权，或者虽然没有独立的请求权，但与案件的处理结果有法律上的利害关系，而参加到正在进行的诉讼中去的人。诉讼代理人，是指根据法律规定或当事人的委托，代当事人进行民事诉讼活动的人。

某市城建部门批准了某甲的建房申请，但某甲建好的房屋却被水利部门以违章建筑为由强制拆除，某甲以水利局为被告向法院提起行政诉讼。本案中市城建部门为第三人，因为它与水利部门的具体行政行为有利害关系。

民事诉讼代理人包括法定诉讼代理人和委托诉讼代理人两类。

马某（女）与韩某（女）系邻居，素不和。某日，马某带领儿子李某、儿媳赵某闯入韩家，殴打韩某，致其多处受伤，治疗用去医药费1 500元。韩某之子童某下班回家与马家三人相遇，马某及其儿子、儿媳一拥而上，将童某的眼镜打坏，腿部打成骨折。

韩某的丈夫童心以原告身份向法院起诉，要求马某负责赔偿打伤其妻的医药费1 500元。在起诉中，对儿子被打伤的问题暂未涉及。法院受理后，在调查中发现童某也被打伤，于是将童某追加为必要的共同诉讼的共同原告。

三、民事诉讼程序

（一）审判程序

人民法院审理民事纠纷案件，除简单的民事纠纷案件外，都适用第一审普通程序。主要包括：起诉与受理、审理前的准备、开庭审理、宣判等。简易程序，是简化了的普通程序，是基层人民法院及其派出法庭审理简单民事案件所运用的一种独立的简便易行的诉讼程序。第二审程序，是指当事人不服第一审裁判，在上诉期内提出上诉，由上一级人民法院对案件进行审理的程序。上诉必须在法定的上诉期限内提出。审判监督程序，即再审程序，是指人民法院发现已经发生法律效力的判决或裁定确有错误，对案件依法重新审理并作出裁判的一种特殊程序。

（二）民事诉讼的特别程序

特别程序是法院对非民事权益冲突案件的审理程序。特别程序的适用范围包括：选民名单案件；宣告失踪人死亡案件；认定公民无行为能力或者限制行为能力的案件；认定财产无主案件。督促程序是指人民法院根据债权人要求债务人给付金钱或者有价证券的申请，向债务人发出有条件的支付命令，若债务人逾期不履行，人民法院可强制执行的程序。督促程序的适用范围包括：在债权债务关系清楚，并要求给付金钱和有价证券的案件；债权人与债务人没有其他债务纠纷；支付令能够送达债务人。公示催告程序是指人民法院根据当事人的申请，以告示的方法，催告利害关系人，在法定期间内申报权利，到期未申报权利，人民法院根据票据持有人的申请可依法宣告该票据无效的程序。企业法人破产还债程序是指人民法院根据债权人或债务人的申请，对因严重亏损，无力清偿到期债务的企业法人，宣告破产，进行清产还债的法律程序。

（三）执行程序

执行程序是指人民法院根据一方当事人的申请或依职权采取法定措施，强制不履行义务的一方当事人履行已经发生法律效力的民事判决、裁定、调解书及其他法律文书的程序。执行开始有两种情况，一是申请执行，二是移送执行。申请执行是指依据生效法律文书享有权利的一方当事人，在义务人拒绝履行义务时，向人民法院申请强制执行的行为。申请执行必须具备以下条件：申请人必须是生效法律文书中权利一方；申请执行的期限，双方或一方当事人是公民个人的为一年，双方是法人或其他社会组织的为六个月；必须向有管辖权的人民法院递交申请执行书。移送执行是指由案件的审判人员直接将案件交付执行人员执行。移送执行主要适用于以下几类案件：判决、裁定具有给付赡养费、抚养费、抚育费等内容的案件；具有财产给付内容的刑事判决书、裁定书；审判人员认为涉及国家、集体或公民重大利益的案件。

第二节 我国的行政诉讼法律制度

行政诉讼，是指人民法院根据公民、法人和其他组织的请求，依法审理和解决行政案件的活动。它的特点是：①它由行政管理活动中的被管理者公民、法人或其他组织提起。②被告只能是作出某一具体行政行为的特定的行政机关，而不能是任何行政机关。③它是被管理者认为某一具体行政行为致使其合法权益受到了侵犯而请求司法保护的诉讼。④它以行政机关的某一具体行政行为是否合法为裁判对象。

行政诉讼法，是规定人民法院在当事人及其他诉讼参加人参加下审理行政案件中进行各种诉讼活动所应遵循的程序制度的法律规范总称。《中华人民共和国行政诉讼法》（简称《行政诉讼法》），是1989年4月4日第七届全国人大第二次会议通过颁布，于1990年10月1日起施行的。

一、行政诉讼的受案范围和管辖

我国行政诉讼的受案范围和管辖是既有联系又有区别的联系概念。受案范围是管辖的前提和基础，管辖是受案范围的具体化和落实。

（一）行政诉讼的受案范围

行政诉讼的受案范围，是指法律所规定的人民法院所受理的行政案件的范围，或者说是人民法院解决行政争议的范围和权限。我国行政诉讼法规定的人民法院应当予以受理的行政案件有：行政处罚案件；行政强制措施案件；侵犯法律规定的经营自主权案件；行政许可案件；不履行法定职责案件；抚恤金案件；违法要求履行义务案件；其他侵犯人身权、财产权案件；法律、法规规定可以起诉的其他行政案件。人民法院不受理的案件有：国防、外交等国家行为；行政法规、规章或者行政机关制定、发布的具有普遍约束力的决定、命令；行政机关对行政工作人员的奖惩、任免等决定；法律规定由行政机关最终裁决的具体行政行为。

（二）行政诉讼的管辖

行政诉讼的管辖是指关于不同级别和地方的人民法院之间受理第一审行政案件的权限分工，是涉及行政审判组织体系、公民诉权保护、宪政分权体制等基本问题的重要诉讼法律制度。行政诉讼管辖的种类包括级别管辖、地域管辖和裁定管辖。级别管辖是不同审级的人民法院之间审理第一审行政案件的权限划分。地域管辖是同级人民法院之间受理第一审行政案件的权限分工。行政案件原则上由最初做出具体行政行为的行政机关所在地人民法院管辖。对于经过行政复议的行政案件、限制人身自由强制措施的行政案件以及涉及不动产行政案件的管辖，法律作出了特殊规定。

二、行政诉讼程序

（一）起诉与受理

起诉是指公民、法人或者其他组织认为行政机关的具体行政行为侵犯其合法权益，依法请求人民法院行使国家审判权给予救济的诉讼行为。提起行政诉讼应符合以下条件：原告是认为具体行政行为侵犯其合法权益的公民、法人或者其他组织；有明确的被告；有具体的诉讼请求和事实根据；属于人民法院能受案范围和受诉人民法院管辖。受理是指人民法院对起诉人的起诉进行审查，对符合法定条件的起诉决定立案审理，从而引起诉讼程序开始的职权行为。经过审理，认为起诉缺乏充分理由的，应当裁定不予受理。起诉人对裁定不服的，可以提起上诉。

（二）行政诉讼的第一审程序

行政诉讼的第一审程序，是指人民法院对行政案件进行初次审理的全部诉讼程序，是行政审判的基础程序，具体包括审理前的准备和庭审。审理前的准备，主要包括组成合议庭、交换诉状、处理管辖异议、审查诉讼文书和调查收集证据、审查其他内容。庭审是受诉人民法院在双方当事人及其他诉讼参与人的参加下，依照法定程序，在法庭上对行政案件进行审理的诉讼活动。根据行政诉讼法的规定，行政诉讼第一审程序必须进行开庭审理。一般的庭审程序分为六个阶段：开庭准备、开庭审理、法庭调查、法庭辩论、合议庭评议、宣读判决。人民法院审理第一审行政案件，应当自立案之日起 3 个月内作出判决。

（三）行政诉讼的第二审程序

行政诉讼的第二审程序与民事诉讼的第二审程序相似。二审法院审理上诉行政案件后，根据不同情况，可以作出维持判决和依法改判两种类型的判决和发回重审的裁定。

（四）审判监督程序

审判监督程序是人民法院发现已经发生法律效力的判决、裁定违反法律、法规，依法对案件再次进行审理的程序。它不是必须经过的审理程序，不具有审级的性质。审判监督程序包括再审程序和提审程序。

再审程序是指人民法院为了纠正已经发生法律效力的判决、裁定的错误，依照审判监督程序对案件再次进行审判的活动。再审分为自行再审和指令再审。提审程序是指上级人民法院按照审判监督程序对下级人民法院裁判已经生效的行政案件进行审理的活动。

审判监督案件的审理分别适用第一审、第二审程序：只经过第一审程序审结的案件，无论是自行再审或指令再审，仍适用第一审程序，作出的裁判是第一审裁判，当事人不服，可以提出上诉；凡经过第二审程序审结的案件，无论是自行再审或指令再审，只能适用第二审程序，所作裁判为终审判决，当事人不服不得上诉；凡是最高人民法院或上级人民法院按照审判监督程序提审的案件，应按第二审程序进行审理，所作裁判为终审裁判，当事人不得上诉。

（五）执行程序

行政案件的执行是指人民法院按照法定程序，对已经生效的法律文书，在负有义务的一方当事人拒不履行义务时，强制其履行义务，保证生效法律文书的内容得到实现的活动。

第三节　我国的刑事诉讼法律制度

刑事诉讼，是国家司法机关在当事人及其他诉讼参与人的参加下，依法揭露和证实犯罪，确定被告人的行为是否构成犯罪，并依法给犯罪人以应得惩罚的活动。

它的特点是：①刑事诉讼所要解决的中心问题，是被告人的行为是否构成犯罪和应当受到何种刑罚问题。②刑事诉讼是以公诉为主，自诉为辅。③追究和惩罚犯罪是通过国家公安司法机关的侦查、起诉和审判等活动来实现的，执行的是国家刑事审判权。

刑事诉讼法，是规定国家公安司法机关和诉讼参与人进行刑事诉讼所必须遵守的程序制度的法律规范总称。《中华人民共和国刑事诉讼法》（简称《刑事诉讼法》），于 1979 年 7 月 1 日第五届全国人大第二次会议通过颁布，并于 1980 年 1 月 1 日起施行。1996 年 3 月 17 日第八届全国人大第四次会议对该法进行了修正。

一、刑事诉讼中的专门机关和诉讼参与人

（一）刑事诉讼中的专门机关

刑事诉讼中的专门机关主要是指公安机关、人民检察院和人民法院。公安机关在刑事诉讼中的职权有立案权、侦查权、执行权。人民检察院代表国家行使检察权。人民检察院在刑事诉讼中的职权有：侦查权、公诉权、诉讼监督权。人民法院是国家的审判机关，代表国家行使审判权。未经人民法院依法判决，对任何人都不得确定有罪。人民法院是刑事诉讼中唯一有权审理和判决有罪的专门机关。

（二）刑事诉讼中的诉讼参与人

刑事诉讼参与人是指在刑事诉讼过程中享有一定诉讼权利，承担一定诉讼义务的除国家专门机关工作人员以外的人。根据刑事诉

讼法的规定，诉讼参与人包括当事人、法定代理人、诉讼代理人、辩护人、证人、鉴定人和翻译人员。当事人是指与案件事实和诉讼结果有切身利害关系，在诉讼中分别处于控诉或辩护地位的主要诉讼参与人，是主要诉讼主体，包括：被害人、自诉人、犯罪嫌疑人、被告人、附带民事诉讼当事人。其他诉讼参与人，指除当事人以外的诉讼参与人。包括法定代理人、诉讼代理人、辩护人、证人、鉴定人和翻译人员。他们在诉讼中是一般的诉讼主体，具有与其诉讼地位相应的诉讼权利和义务。

二、刑事诉讼的管辖、回避、辩护和代理

刑事诉讼的管辖，是指公安机关、检察机关和审判机关等在直接受理刑事案件上的权限划分以及审判机关系统内部在审理第一审刑事案件上的权限划分。刑事诉讼的管辖分立案管辖和审判管辖两大类。立案管辖是指公安机关、人民检察院和人民法院在直接受理刑事案件上的分工。刑事案件的侦查由公安机关进行，法律另有规定的除外。

人民检察院直接受理的案件包括以下几种：贪污贿赂案件；国家工作人员的渎职犯罪；国家机关工作人员利用职权实施的侵犯公民人身权利和民主权利的犯罪；其他由人民检察院直接受理的案件。人民法院直接受理的案件：自诉案件。自诉案件是被害人及其法定代理人或者近亲属，为追究被告人的刑事责任，而直接向人民法院提起诉讼的案件。审判管辖分为级别管辖、地区管辖和专门管辖。级别管辖是指各级人民法院对第一审刑事案件审判权限上的分工；地区管辖是指同级人民法院之间在审理第一审刑事案件上的分工。《中华人民共和国刑事诉讼法》规定，刑事案件由犯罪地人民法院管辖。如果由被告人居住地人民法院审判更为适宜的，可以由被告人居住地人民法院管辖；专门管辖是指各专门法院在审判第一审刑事案件权限上的分工。

我国目前建立的专门法院主要有军事法院、铁路运输法院等，

有些专门性的案件由专门法院管辖。

刑事诉讼中的回避是指侦查人员、检察人员、审判人员等对案件有某种利害关系或者其他特殊关系，可能影响案件的公正处理，不得参与办理本案的一项诉讼制度。刑事诉讼中的回避可以分为自行回避、申请回避、指定回避三种。

刑事诉讼中的辩护，是指犯罪嫌疑人、被告人及其辩护人针对指控而进行的论证犯罪嫌疑人、被告人无罪、罪轻、减轻或免除罪责的反驳和辩解，以维护其合法权益的诉讼行为。辩护可以分为自行辩护、委托辩护、指定辩护。自行辩护是指犯罪嫌疑人、被告人自己进行反驳、申辩和辩解的行为。委托辩护是指犯罪嫌疑人或被告人依法委托律师或其他公民协助其进行辩护。指定辩护是指司法机关为被告人指定辩护人以协助其行使辩护权，维护其合法权益。

刑事诉讼中的代理，是指代理人接受公诉案件的被害人及其法定代理人或者近亲属、自诉案件的自诉人及其法定代理人、附带民事诉讼的当事人及其法定代理人的委托，以被代理人名义参加诉讼活动，由被代理人承担代理行为法律后果的一项法律制度。

三、刑事诉讼证据、强制措施和附带民事诉讼

《中华人民共和国刑事诉讼法》规定，证明案件真实情况的一切事实，都是证据。刑事证据的种类包括：物证、书证；证人证言；被害人陈述；犯罪嫌疑人、被告人的供述和辩解；鉴定结论、勘验、检查笔录、视听资料。刑事诉讼中的强制措施，是指公安机关、人民检察院和人民法院为保证刑事诉讼的顺利进行，依法对犯罪嫌疑人、被告人的人身自由进行暂时限制或依法剥夺的各种强制性方法。根据我国刑事诉讼法的规定，强制措施有拘传、取保候审、监视居住、拘留和逮捕。刑事附带民事诉讼是指司法机关在刑事诉讼过程中，在解决被告人刑事责任的同时，附带解决因被告人的犯罪行为所造成的物质损失的赔偿问题而进行的诉讼活动。提起附带民事诉讼应具备以下条件：提起附带民事诉讼的原告人、法定

代理人符合法定条件；有明确的被告人；有请求赔偿的具体要求和事实根据；被害人的损失是由被告人的犯罪行为所造成的；属于人民法院受理附带民事诉讼的范围。附带民事诉讼，应当在刑事案件立案后，第一审判决宣告之前提起。

四、刑事诉讼程序

刑事诉讼程序可分为：立案、侦查和提起公诉程序；审判程序、执行程序。审判程序包括第一审程序、第二审程序、死刑复核程序、审判监督程序。公诉案件一般要经过立案、侦查、提起公诉、审判、执行五个阶段。

（一）立案

立案是指公安机关、人民检察院和人民法院对报案、控告、举报和犯罪嫌疑人自首的材料进行审查，根据事实和法律，认为有犯罪事实发生并需追究刑事责任时，决定作为刑事案件进行侦查或审判的诉讼活动。

我国的刑事诉讼程序是从立案开始的，立案是诉讼活动的开始和必经程序。根据刑事诉讼法的规定，立案包括三方面的内容：发现立案材料或对立案材料的接受；对立案材料的审查和处理；人民检察院对不立案的监督。立案阶段以上三个方面的内容相互衔接、相互联系，构成了立案程序的完整体系。

立案的条件是指立案的法定理由和根据。《刑事诉讼法》第八十六条规定："人民法院、人民检察院或者公安机关对于报案、控告、举报和自首的材料，应当按照管辖范围，迅速进行审查，认为有犯罪事实需要追究刑事责任的时候，应当立案；认为没有犯罪事实，或者犯罪事实显著轻微，不需要追究刑事责任的时候，不予立案，并且将不立案的原因通知控告人。控告人如果不服，可以申请复议。"根据这一规定，立案应同时具有两个条件：一是有犯罪事实发生；二是依法需要追究刑事责任。

（二）侦查

侦查是指公安机关、人民检察院及其他特定的机关在办理刑事案件过程中，依法进行的专门调查工作和有关的强制性措施。在我国，公安机关是行使侦查权的法定专门机关。此外，人民检察院对于贪污贿赂犯罪、渎职犯罪以及非法拘禁、刑讯逼供、报复陷害、非法搜查等侵犯公民人身权利和民主权利的犯罪，行使侦查权；国家安全机关对危害国家安全的案件行使侦查权；军队保卫部门对军队内部发生的刑事案件行使侦查权。除上述机关以外，任何机关、团体、企事业单位和个人都没有侦查权。

侦查的主要任务是：依照法定程序收集证据材料，查清犯罪事实，查获犯罪嫌疑人，为起诉做好准备。侦查的主要内容和方式有：讯问犯罪嫌疑人，询问证人、被害人，勘验、检查，搜查，扣押物证、书证，鉴定，通缉。侦查机关在认为事实清楚，证据确实、充分，足以认定是否构成犯罪时，侦查即告终结。

侦查终结后，对于需要移送人民检察院审查起诉的案件，应写出起诉意见书，连同案卷材料、证据一并移送同级人民检察院审查决定。人民检察院对于自行侦查终结的案件，应当作出提起公诉、不起诉或者撤销案件的决定。

（三）提起公诉

审查起诉是指人民检察院在公诉阶段，为了确定经侦查终结的刑事案件是否应当提起公诉，而对侦查机关确认的犯罪事实和证据、犯罪性质和罪名进行审查核实，并作出处理决定的一项诉讼活动。我国《刑事诉讼法》第一百三十六条规定："凡需要提起公诉的案件，一律由人民检察院审查决定。"

人民检察院审查案件的时候必须查明：犯罪事实、情节是否清楚，证据是否确实、充分，犯罪性质和罪名认定是否正确；有无遗漏罪行和其他应当追究刑事责任的人；是否属于不应追究刑事责任的；有无附带民事诉讼；侦查活动是否合法。

提起公诉，即人民检察院代表国家依法提请人民法院对被告人进行审判的诉讼活动。我国《刑事诉讼法》第一百四十一条规定："人民检察院认为犯罪嫌疑人的犯罪事实已经查清，证据确实、充分，依法应当追究刑事责任的，应当作出起诉决定，按照审判管辖的规定，向人民法院提起公诉。"据此，提起公诉必须具备三个条件：犯罪事实已查清；证据确实、充分；依法应追究刑事责任。

（四）审判监督程序

审判监督程序又称再审程序，是指人民法院对已经生效的判决和裁定，发现其在认定事实和适用法律上确有错误，依法对案件重新审理、纠正错误判决和裁定的一种诉讼程序。审判监督程序不是必经程序，而是一定条件下才采用的特殊程序。

当事人及其法定代理人、近亲属，对已经发生法律效力的判决、裁定，可以向人民法院或者人民检察院提出申诉，其申诉符合《刑事诉讼法》第二百零四条规定的情形之一的，人民法院应当重新审判。各级人民法院院长对本院已经发生法律效力的判决和裁定，如果发现在认定事实或适用法律上确有错误，必须提交审判委员会处理。最高人民法院对各级人民法院已经发生法律效力的判决和裁定，如果发现确有错误，有权提审或者指令下级人民法院再审。人民检察院发现人民法院已经发生法律效力的判决和裁定确有错误，有权按审判监督程序提出抗诉。

人民法院按照审判监督程序重新审判的案件，应当另行组成合议庭进行。如果原来是第一审案件，应当按照第一审程序进行审判，所作的判决、裁定，可以上诉、抗诉；如果原来是第二审案件，或者是上级人民法院提审的案件，应当按照第二审程序进行审判，所作的判决、裁定，是终审的判决、裁定。

被告人张林，男，23岁，系某机械厂技术员。2007年1月至2008年2月，张林在本厂先后盗窃电缆、电机等物品，共13起，所盗财物数额巨大。第一审人民法院审理后以盗窃罪判处其有期徒刑3年。张林不服，以量刑过重为由提起上诉。第二审人民法院经审理一致认为原审认定事实清楚，证据确实、充分，但量刑略轻。在处理上有三种意见：第一种意见：应本着罪刑相适应的原则直接改判；第二种意见：应撤销原判，发回原审人民法院重新审判；第三种意见：应维持原判。上述三种意见，第三种意见符合我国刑事诉讼法“上诉不加刑”的规定，是正确的。

（五）执行

执行是指法定执行机关将已经发生法律效力的判决和裁定付诸实施的诉讼活动。它是刑事诉讼的最后程序，只有通过执行程序，刑事诉讼法的任务才能最后完成。死刑判决，由人民法院交付司法警察或武装警察执行。审判人员负责指挥，检察人员临场监督。公安人员负责警戒。对于判处死刑缓期二年执行、无期徒刑、有期徒刑的罪犯，由公安机关依法将该罪犯送交监狱执行。对于被判处拘役、管制、剥夺政治权利的罪犯，以及暂予监外执行的罪犯都由公安机关执行。罚金和没收财产的判决由人民法院执行。

第四节　增强证据意识

诉讼证据是诉讼制度的核心，在诉讼活动中具有十分重要的意义，人民法院审理案件就是围绕着证据而展开的。诉讼活动实质上是查明案件事实、正确适用法律的过程，而查明案件事实的唯一根据就是证据。学会保存证据以及如何举证，是公民请求国家保护自身权利的重要手段。

一、诉讼证据的概念

诉讼证据，是指能够在诉讼中证明案件真实情况的客观事实。一种客观事实只有纳入诉讼的轨道才能成为诉讼证据。

二、诉讼证据的种类

诉讼证据的种类，是法律上对证据的分类，又称法定的证据种类，是以证据的表现形式为标准而进行分类的。我国三大诉讼法对诉讼证据的分类基本一致，但又略有差别。民事诉讼法规定的证据有七种：书证；物证；视听资料；证人证言；当事人的陈述；鉴定结论；勘验笔录。行政诉讼法规定的证据种类与民事诉讼法的规定基本相同，只增加了现场笔录与勘验笔录并列为第七种证据。刑事诉讼法规定的证据也有七种：物证、书证，证人证言，被害人陈述，犯罪嫌疑人、被告人供述和辩解，鉴定结论，勘验、检查笔录，视听资料。其中，物证、书证、证人证言、鉴定结论是我国三部诉讼法中共有的诉讼证据。

三、诉讼证据的提供

当事人双方或控辩双方向法院提出自己诉讼主张的同时，应当承担提供证据加以证明的责任，使法庭确保其举出的证据事实，能够证明其诉讼主张的确实性。提供证据的责任一般称为“举证责任”。自古罗马法确立“谁主张，谁举证”的举证责任原则以后，各国一般都由提出诉讼主张者提供证据证明自己诉讼主张的举证责任。如果负有举证责任的一方没有履行举证责任，就要承担败诉风险及不利诉讼结果的诉讼法律责任。举证责任包括两个方面的内容：一是由谁负责提供证据，证明特定的案件事实，即举证责任的分担；二是不能履行责任可能引起何种法律后果。同时，为保护弱者，在法定的特殊情形下提出诉讼主张者并不承担举证责任，而由被诉者承担举证责任。这种情形称为“举证责任倒置”。

四、诉讼证据的收集保全与审查判断

在诉讼过程中，当事人负有举证责任的同时，人民法院按照法定程序收集证据，是履行职务的行为，不应和举证责任混为一谈。法院经过调查，未能收集到证据，仍由负有举证责任的当事人承担举证不能的风险和后果。

无论在诉讼开始之前还是在诉讼过程之中，都存在证据可能灭失或者以后难以取得的情形。为了保持证据的真实性和完整性，使证据具有法律上的证明效力，对已经收集到的证据材料，通过法定的保全方法，使其稳定化、定型化，保持其原样、原意，长期不变。

证据保全可以在诉讼开始之前，也可以发生在诉讼开始以后。诉讼发生前法院须依据利害关系人的申请采取保全措施，诉讼开始后一般也是依据当事人的申请实施保全，但在必要时也可依职权主动实施保全。证据保全的方法因不同证据的特征和要求而不同。

对于已经收集到的各种证据材料，司法人员必须进行分析研究，鉴别真伪，以确定各个证据有无证明力和证明力的大小，并对整个案件事实作出合乎实际的结论，这个过程就是审查判断证据的过程。审查判断证据，是由审查与判断两个词构成的。审查是指查证核实证据的真实性。判断是指确定证据的证明力。审查与判断两个词是相辅相成，相互联系，结合使用的。

审查判断证据时应当注意：①证据的来源是否可靠，②证据的内容是否真实，③证据和案件事实有无必然的内在联系，④证据是否互相印证，⑤证据是否充分、完备。

审查判断证据主要有两方面内容：一是对每个证据逐一地进行审查核实。在确定每个证据客观真实的基础上，进而判断每个证据的证明力。二是把案内全部证据联系起来，进行综合分析，比较研究，排除一切矛盾，找出其内在联系，考查案内证据是否充分，判断案内证据对案件事实的证明力，从而对案件事实作出结论，为正确适用法律奠定基础。

收集证据和审查判断证据相互结合，贯穿于诉讼的全过程。在收集证据的过程中往往要进行审查判断。在审查判断证据的过程中，往往又需要进一步去收集补充证据。

下篇　农村法规

第十章　农民专业合作社

第一节　农民专业合作社的概述

一、概念

农民专业合作社是由农民自愿组成的，以为社员提供某一方面技术或其他方面帮助为宗旨的组织。具体是指在农村家庭承包经营的基础上，同类农产品的生产经营者或者同类农业生产经营服务的提供者、利用者自愿联合、民主管理的互助性经济组织。

二、特征

（1）农民专业合作社是社会组织。社会组织有很多种，如社会团体、机关、学校、有限责任公司等，农民专业合作社也是其中的一种。组织和个人是有区别的，最大的区别就在于组织是集体。

（2）农民专业合作社以服务全体成员、谋求全体成员的共同利益为宗旨。农民专业合作社以其成员为主要服务对象，提供农业生产资料的购买，农产品的销售、加工、运输、贮藏以及与农业生产经营有关的技术、信息等专项服务。

（3）农民专业合作社是自治性组织。实行入社自愿、退社自由的原则，成员地位平等，实行民主管理，盈余主要按照成员与农民专业合作社的交易额比例返还。

（4）农民专业合作社具有法人资格。

第二节 农民专业合作社的作用

改革开放以来，中央确立了以家庭承包经营为基础，统分结合的双层经营体制，农户因此成为农村的经营主体。以一家一户为单位的土地承包责任制虽然取得了很大成绩，但问题也日益显现，最大的问题就是生产经营规模小、应对自然风险和市场风险的能力弱，农户在生产和经营中遇到了很多困难。因此，组织起来共同面对市场风险成为市场经济体制下分散经营的农民的必然选择。其中，受到农民群众普遍欢迎的一种十分重要的组织形式就是农民专业合作社。近年来，由农民自发组织的农民专业合作社蓬勃发展，成为推动农村经济发展的重要力量。农户加入农民专业合作社后，依靠集体的力量，在市场销售信息和技术帮助等方面会得到很多收益。农民专业合作社提高了农业生产经营和农民进入市场的组织化程度，成为农业产业化经营的重要组织载体。二十多年的发展实践证明，农民专业合作社是解决“三农”问题的一个重要途径，它可以提高农民生活质量和农民进入市场的组织化程度，有利于推进农业产业化经营和农业结构调整，也为落实国家对农业的支持保护政策提供了一个新的渠道，成为城乡市场上一个非常活跃的新型经济组织。

第三节 农民专业合作社法

农民专业合作社法是有关农民专业合作社的设立、组织和运行方面的法律规范的总称。《中华人民共和国农民专业合作社法》（以下简称《农民专业合作社法》）于 2006 年 10 月 31 日在第十届全国人民代表大会常务委员会第二十四次会议上通过，该法自 2007 年 7 月 1 日起施行，这是新中国成立以来的第一部有关农民专业合作社方面的法律。《农民专业合作社法》的制定和颁布，是我国农民合作社事业发展史上的里程碑，标志着我国农民专业合作社将进入依法发展的新阶段，具有划时代的历史意义。

《农民专业合作社法》共分九章五十六条。第一章总则，明确了立法的目的和适用范围，规定了农民专业合作社应当遵循的基本原则，农民专业合作社的法律地位与责任承担方式，农民专业合作社的基本义务，国家对扶持农民专业合作社发展的基本措施和对农民专业合作社的指导、支持和服务。第二章设立和登记，规定了设立农民专业合作社必须具备的条件，设立大会的职权，农民专业合作社章程的基本内容、登记程序等。第三章成员，规定了成员资格的基本要求、农民专业合作社的成员结构，明确了成员的权利和义务，规定了农民专业合作社的表决方式、成员资格终止的相关事项等。第四章组织机构，分别规定了成员大会的职权、议事规则、临时大会的召集，成员代表大会的设立，理事长或者理事会、执行监事和监事会的设立和表决规则，职员聘任，理事长、理事和管理人员的禁止性义务、竞业禁止和任职限制等。第五章财务管理，规定了农民专业合作社的财务制度、公积金的提取、成员账户的建立、盈余分配方式及财务监督等。第六章合并、分立、解散和清算，规定了农民专业合作社合并、分立的法律后果的承担、解散的事由、清算的程序和破产的法律适用等相关内容。第七章扶持政策，规定了国家从产业政策倾斜、财政支持、金融扶持、税收优惠等方面支持农民专业合作社建设与发展的基本措施。第八章法律责任，针对侵犯农民专业合作社的财产权和生产经营自主权以及农民专业合作社进行虚假登记和虚假财务报告等行为规定了违法主体应当承担的行政责任和刑事责任。另外，还有第九章附则。

设立农民专业合作社必须符合法律规定的条件。具体来讲包括以下几个方面。

（1）农民专业合作社最少要有 5 名以上符合法律规定条件的成员。要想办合作社，至少要有 5 个人或农户参加，这是对合作社成员人数的最低要求。这里所说的 5 名以上成员既可以完全由农民个人或农户组成，也可以吸收企业、事业单位和社会团体等单位参加，但法律对吸收单位参加农民专业合作社是有限制的，法律规定的限制条件包括以下几个方面：首先，在所有的成员当中农民至少应当占成员总数的 80%；其次，合作社成员总数 20 人以下的，最多吸收 1 个企业、事业单位或者社会团体成员；再次，成员总数超过 20 人的，企业、事业单位和社会团体成员不得超过成员总数的 5%。

（2）有符合本法规定的章程。

（3）有符合本法规定的组织机构。

（4）有符合法律、行政法规规定的名称和章程确定的住所。

（5）有符合章程规定的成员出资。法律规定成员是否出资以及出资方式、出资额均由章程规定。

第四节　农民专业合作社的设立、登记、解散和清算

一、农民专业合作社的设立程序

（一）召开设立大会

设立农民专业合作社应当召开由全体设立人参加的设立大会。设立时自愿成为该社成员的人为设立人。设立大会行使下列职权：第一，通过本社章程，章程应当由全体设立人一致通过；第二，选举产生理事长、理事、执行监事或者监事会成员；第三，审议其他重大事项。

（二）办理登记手续

设立农民专业合作社应当向工商行政管理部门申请办理登记手续，并申领营业执照。申请设立登记，应当向工商行政管理部门提

交下列文件：登记申请书；全体设立人签名、盖章的设立大会纪要；全体设立人签名、盖章的章程；法定代表人、理事的任职文件及身份证明；出资成员签名、盖章的出资清单；住所使用证明；法律、行政法规规定的其他文件。

登记机关应当自受理登记申请之日起 20 日内办理完毕，向符合登记条件的申请者颁发营业执照。工商行政管理部门办理登记手续时不得收取任何费用。

二、农民专业合作社章程

农民专业合作社的章程是合作社自治特征的重要体现，是农民专业合作社在法律法规和国家政策规定的框架内，由全体成员根据本社的特点和发展目标制定的，并由全体成员共同遵守的行为准则。因此，对于合作社的重要事项，都应当由成员协商后规定在章程之中。

章程应当载明的事项包括：名称和住所；业务范围；成员资格及入社、退社和除名；成员的权利和义务；组织机构及其产生办法、职权、任期、议事规则；成员的出资方式、出资额；财务管理和盈余分配、亏损处理；章程修改程序；解散事由和清算办法；公告事项及发布方式；需要规定的其他事项。

《农民专业合作社法》规定了农民专业合作社设立、运行等一些基本要求，对于法律规定的强制性要求，农民专业合作社及其成员都必须遵守。但同时，法律没有规定的，诸如成员具体的出资方式、出资期限、出资额、住所地的确定、是否设立理事会和监事会、盈余分配的具体方案和亏损处理的具体办法、是否聘任经理和其他管理人员等，都需要由合作社的全体成员自己决定并载入章程。

三、成为农民专业合作社成员的条件

成员即农民专业合作组织的参加人。农民个人、农户、企业、事业单位或者社会团体都能成为农民专业合作社的成员，但必须符合法律规定的条件。个人成为农民专业合作组织成员的条件是具有民事行为能力；企业、事业单位或者社会团体成为农民专业合作组织成员的条件是：从事与农民专业合作社业务直接有关的生产经营活动，但是，具有管理公共事务职能的单位不得加入农民专业合作社。

个人或组织应当共同具备的条件是：能够利用农民专业合作社提供的服务，承认并遵守农民专业合作社章程，履行章程规定的入社手续。

农民专业合作社应当置备成员名册，并报登记机关。

四、合作社成员的权利和义务

农民专业合作社成员享有下列权利：参加成员大会，并享有表决权、选举权和被选举权，按照章程规定对本社实行民主管理；利用本社提供的服务和生产经营设施；按照章程规定或者成员大会决议分享盈余；查阅本社的章程、成员名册、成员大会或者成员代表大会记录、理事会会议决议、监事会会议决议、财务会计报告和会计账簿；章程规定的其他权利。

农民专业合作社成员承担下列义务：执行成员大会、成员代表大会和理事会的决议；按照章程规定向本社出资；按照章程规定与本社进行交易；按照章程规定承担亏损；章程规定的其他义务。

五、合作社成员表决权的行使

合作社成员的表决权包括两种：基本表决权和附加表决权。农民专业合作社成员大会选举和表决，实行一人一票制，成员各享有一票的基本表决权。出资额或者与本社交易量（额）较大的成员按照章程规定，可以享有附加表决权。本社的附加表决权总票数，不得超过本社成员基本表决权总票数的20％。享有附加表决权的成员及其享有的附加表决权数，应当在每次成员大会召开时告知出席会议的成员。在制定章程时，可以通过约定的方式限制附加表决权行使的范围。

六、退社与成员资格终止

入社自愿、退社自由是《农民专业合作社法》规定的农民专业合作社的基本原则之一。农民可以自愿加入一个或者多个农民专业合作社，入社不改变家庭承包经营，仍然具有生产经营自主权。农民专业合作社成员要求退社的，应当在财务年度终了的 3 个月前向理事长或者理事会提出。其中，企业、事业单位或者社会团体成员退社，应当在财务年度终了的 6 个月前提出；章程另有规定的，从其规定。

退社成员的成员资格自财务年度终了时终止。成员在其资格终止前与农民专业合作社已订立的合同，应当继续履行；章程另有规定或者与本社另有约定的除外。成员资格终止的，农民专业合作社应当按照章程规定的方式和期限，退还记载在该成员账户内的出资额和公积金份额；对成员资格终止前的可分配盈余，依照《农民专业合作社法》第三十七条第二款的规定向其返还。资格终止的成员应当按照章程规定分摊资格终止前本社的亏损及债务。

七、农民专业合作社组织机构的设置

农民专业合作社通常可以有以下机构：成员大会或成员代表大会、理事长或者理事会、执行监事或者监事会、经理等。因为农民专业合作社的规模不同、经营内容不同，设立的组织机构也并不完全相同，《农民专业合作社法》对某些机构的设置不是强制性规定，而要由合作社自己根据需要决定。

八、成员大会与成员代表大会

成员大会是农民专业合作社的权力机构，按法律规定必须设立。其主要职权是：修改章程；选举和罢免理事长、理事、执行监事或者监事会成员；决定重大财产处置、对外投资、对外担保和生产经营活动中的其他重大事项；批准年度业务报告、盈余分配方案、亏损处理方案；对合并、分立、解散、清算作出决议；决定聘用经营管理人员和专业技术人员的数量、资格和任期；听取理事长或者理事会关于成员变动情况的报告；章程规定的其他职权。

如果合作社的组织规模较大，成员人数超过 150 人，可以按照章程规定设立成员代表大会。对于成员代表大会的代表产生办法、职权范围等法律上没有硬性规定，而应当以本社的章程规定为依据。通常情况下，代表大会可以行使成员大会的部分职权，也可以是全部职权。

农民专业合作社召开成员大会，出席人数应当达到成员总数的 2/3 以上。

成员大会选举或者作出决议，应当由本社成员表决权总数过半数通过；作出修改章程或者合并、分立、解散的决议应当由本社成员表决权总数的 2/3 以上通过。章程对表决权数有较高规定的，从其规定。

农民专业合作社成员大会每年至少召开一次，会议的召集由章程规定。有下列情形之一的，应当在 20 日内召开临时成员大会：30％以上的成员提议；执行监事或者监事会提议；章程规定的其他情形。

九、理事会与理事长

根据《农民专业合作社法》第二十六条的规定，农民专业合作社应当设理事长 1 名，作为本社的法定代表人，即不需要特别委托，对内依照职权从事内部管理工作，对外可以直接以本社名义从事经营活动，并代表本社参加诉讼和仲裁。因为各个合作社的情况不同，是否设立理事会由合作社自己决定。

十、监事与监事会

为加强合作社的内部监督，防止合作社的有关负责人滥用职权，农民专业合作社可以根据需要设立执行监事或者监事会，当然，也可以不设执行监事或者监事会，而由成员直接行使监督权。

十一、经理和财务会计人员

为了方便合作社的经营，提高合作社的效益，农民专业合作社可以聘任经理和财务会计人员，负责具体的经营事务和财务会计工作。对经理和财会人员的聘任要以成员大会的决定为依据，由理事长或者理事会选聘。为了减少管理者，减轻成员负担，提高合作社的运行效率，理事长或者理事可以兼任经理。经理按照章程规定或者理事会的决定，可以聘任其他人员，经理按照章程规定和理事长或者理事会授权，负责具体生产经营活动。

根据法律规定，理事长、理事、执行监事或者监事会成员都必须是本社的成员，并应当依照规定通过选举的方式产生，依照《农民专业合作社法》和章程规定行使职权，对成员大会负责。执行与农民专业合作社业务有关公务的人员，不得担任农民专业合作社的理事长、理事、监事、经理或者财务会计。

为了保护合作社及其成员的利益，法律对理事长、理事和管理人员的活动提出了一些基本要求，以防止其滥用职权。法律规定的禁止行为包括：侵占、挪用或者私分本社资产；违反章程规定或者未经成员大会同意，将本社资金借贷给他人或者以本社资产为他人提供担保；接受他人与本社交易的佣金归为己有；从事损害本社经济利益的其他活动。法律从以上方面对管理者的行为作出了禁止性的规定。如果理事长、理事和管理人员违反该规定，其从事该活动所得的收入，应当归本社所有；给本社造成损失的，应当承担赔偿责任。农民专业合作社的理事长、理事、经理不得兼任业务性质相同的其他农民专业合作社的理事长、理事、监事、经理。

十二、农民专业合作社财务制度

财务制度的完善是作为经济组织的农民专业合作社良好运行的前提，也是保护成员利益的基本要求。为此，在《农民专业合作社法》中设立了财务管理一章。

基于农民专业合作社与其他经济组织相比，在设立条件、财产性质和结构、分配方式等方面有着自己的特点，一般的财务会计制度并不完全适用于农民专业合作社。为此，法律规定，国家专门制定农民专业合作社的财务会计制度，农民专业合作社应当按照国务院财政部门制定的财务会计制度进行核算，这是对农民专业合作社财务会计工作的合法性要求。法律确立了农民专业合作社的财务公开制度，便于成员通过成员大会等方式对本社的年度业务报告、盈余分配方案、亏损处理方案以及财务会计报告等进行监督。农民专业合作社的理事长或者理事会应当按照章程规定，组织编制年度业务报告、盈余分配方案、亏损处理方案以及财务会计报告，于成员大会召开的前15日，置备于办公地点，供成员查阅。农民专业合作社与其成员的交易、与利用其提供的服务的非成员的交易，应当分别核算。

由于农民专业合作社在经营中对资金的需求不同，因此，是否提取公积金，由章程规定或者根据成员大会的决议确定，即法律没有强制性的法定公积金要求。如果提取了公积金，应当用于弥补亏损、扩大生产经营或者转为成员出资。同时，公积金应当根据章程规定按年度量化为每个成员的份额。

为了明确界定成员与合作社之间的财产关系，法律要求农民专业合作社应当为每个成员设立成员账户，将该成员对本社的出资，量化为该成员的公积金份额以及该成员与本社的交易量记载在其账户中。设立成员账户的法律意义主要有两个方面：一是作为成员参与本社盈余分配的依据；二是在成员资格终止时返还财产的依据。成员账户主要记载下列内容：该成员的出资额；量化为该成员的公积金份额；该成员与本社的交易量。

十三、农民专业合作社盈余分配制度的特殊规定

盈余分配是合作社财务管理工作的核心，也是处理成员与组织之间以及成员相互之间利益关系的核心。对于合作社而言，与一般的企业法人不同，其利润的形成既有成员出资的贡献，也有成员与合作社之间交易的贡献，因此，合作社的盈余分配，关键是要合理确定交易量返还与按照出资分配的界限。根据《农民专业合作社法》的规定，合作社形成的可分配盈余办法应当由章程规定或者经成员大会决议确定，其中，可分配盈余的60%以上应当以成员与本社的交易量为依据比例返还于成员，其余部分以成员账户中记载的出资额和公积金份额为基础，并将本社接受的国家财政直接补助和他人捐赠形成的财产平均量化到成员的份额，按比例分配给本社成员。这样的规定有两个方面的意义：首先，可分配盈余的大部分是按照成员与本社的交易量（额）向成员返还，有助于鼓励成员利用合作社，也符合国际上合作社的通行做法；其次，以适当的比例按照出资额等进行分配，有利于鼓励成员向合作社出资，缓解合作社在经营过程中的资金困难。

在弥补亏损、提取公积金后的当年盈余，为农民专业合作社的可分配盈余。可分配盈余按照下列规定返还或者分配给成员，具体分配办法按照章程规定或者经成员大会决议确定：按成员与本社的交易量（额）比例返还，返还总额不得低于可分配盈余的60%；按前项规定返还后的剩余部分，以成员账户中记载的出资额和公积金份额，以及本社接受国家财政直接补助和他人捐赠形成的财产平均量化到成员的份额，按比例分配给本社成员。

十四、审计制度

设立执行监事或者监事会的农民专业合作社，由执行监事或者监事会负责对本社的财务进行内部审计，审计结果应当向成员大会

报告。成员大会也可以委托审计机构对本社的财务进行审计。

十五、农民专业合作社的合并、分立、解散和清算

农民专业合作社的合并、分立、解散和清算既包含财产分割、债务清偿等实体性法律制度，也包含通知、公告等程序性法律制度。这一部分法律制度的核心问题是当法定事由出现或者法定及约定的条件满足时，对合作社的财产及债权债务的妥善处置，以便兼顾成员利益与合作社交易相对人的利益。

（一）合并与分立

合作社的合并与分立问题，重点是要解决合并分立后的债权债务的承继主体。

农民专业合作社合并，应当自合并决议作出之日起 10 日内通知债权人。合并各方的债权、债务应当由合并后存续或者新设的组织承继。农民专业合作社分立，其财产作相应的分割，并应当自分立决议作出之日起 10 日内通知债权人。分立前的债务由分立后的组织承担连带责任。但是，在分立前与债权人就债务清偿达成的书面协议另有约定的除外。

（二）解散与清算

基于农民专业合作社的特殊性及其在我国的发展实践，农民专业合作社法对其解散和清算作出了与其他法律不同的规定。

农民专业合作社因下列原因解散：第一，章程规定的解散事由出现；第二，成员大会决议解散；第三，因合并或者分立需要解散；第四，依法被吊销营业执照或者被撤销。除因第三项原因解散的以外，应当在解散事由出现之日起 15 日内由成员大会推举成员组成清算组，开始解散清算。逾期不能组成清算组的，成员、债权人可以向人民法院申请指定成员组成清算组进行清算，人民法院应当受理该申请，并及时指定成员组成清算组进行清算。清算组自成立之日起接管农民专业合作社，负责处理与清算有关未了结业务，

清理财产和债权、债务，分配清偿债务后的剩余财产，代表农民专业合作社参与诉讼、仲裁或者其他法律程序，并在清算结束时办理注销登记。清算组应当自成立之日起 10 日内通知农民专业合作社成员和债权人，并于 60 日内在报纸上公告。债权人应当自接到通知之日起 30 日内，未接到通知的自公告之日起 45 日内，向清算组申报债权。如果在规定期间内全部成员、债权人均已收到通知，免除清算组的公告义务。债权人申报债权，应当说明债权的有关事项，并提供证明材料。清算组应当对债权进行登记。

在申报债权期间，清算组不得对债权人进行清偿。清算组负责制定包括清偿农民专业合作社员工的工资及社会保险费用，清偿所欠税款和其他各项债务，以及分配剩余财产在内的清算方案，经成员大会通过或者申请人民法院确认后实施。清算组发现农民专业合作社的财产不足以清偿债务的，应当依法向人民法院申请破产。农民专业合作社接受国家财政直接补助形成的财产，在解散、破产清算时，不得作为可分配剩余资产分配给成员，处置办法由国务院规定。清算组成员应当忠于职守，依法履行清算义务，因故意或者重大过失给农民专业合作社成员及债权人造成损失的，应当承担赔偿责任。农民专业合作社破产适用企业破产法的有关规定。但是，破产财产在清偿破产费用和共益债务后，应当优先清偿破产前与农民成员已发生交易但尚未结清的款项。

第五节　农民合作社的扶持政策与法律责任

一、扶持政策

国家支持发展农业和农村经济的建设项目，可以委托和安排有条件的有关农民专业合作社实施。

中央和地方财政应当分别安排资金，支持农民专业合作社开展信息、培训、农产品质量标准与认证、农业生产基础设施建设、市场营销和技术推广等服务。对民族地区、边远地区和贫困地区的农民专业合作社和生产国家与社会急需的重要农产品的农民专业合作社给予优先扶持。

国家政策性金融机构应当采取多种形式，为农民专业合作社提供多渠道的资金支持。具体支持政策由国务院规定。国家鼓励商业性金融机构采取多种形式，为农民专业合作社提供金融服务。

农民专业合作社享受国家规定的对农业生产、加工、流通、服务和其他涉农经济活动相应的税收优惠。支持农民专业合作社发展的其他税收优惠政策，由国务院规定。

二、法律责任

侵占、挪用、截留、私分或者以其他方式侵犯农民专业合作社及其成员的合法财产，非法干预农民专业合作社及其成员的生产经营活动，向农民专业合作社及其成员摊派，强迫农民专业合作社及其成员接受有偿服务，造成农民专业合作社经济损失的，依法追究法律责任。

农民专业合作社向登记机关提供虚假登记材料或者采取其他欺诈手段取得登记的，由登记机关责令改正；情节严重的，撤销登记。

农民专业合作社在依法向有关主管部门提供的财务报告等材料中，作虚假记载或者隐瞒重要事实的，依法追究法律责任。

第十一章　农村土地承包法律制度及其纠纷仲裁

第一节　农业用地所有权和使用权

一、农业用地所有权

土地所有权是土地所有者在法律规定范围内，对其拥有土地的占有、使用、收益和处分的权利。我国实行土地的社会主义公有制，即全民所有制（即社会主义国有）和劳动群众集体所有制。

国有土地所有权，即国有土地属全民所有，国家是国有土地唯一的、统一的所有者，国有土地可以确定给任何单位和个人使用，但其所有权不会发生变化。集体土地所有权，其主体是农民集体。农民集体必须具备以下条件：一是具有一定的组织形式，如农村经济组织；二是应当具有法人资格，即被法律认可的能够依法享受权利、承担义务；三是集体成员应为农业户口的农村居民。

（一）农业用地所有权的涵义

农业用地是指直接或间接用于农业生产的土地。按照其用途，农业用地可以分为：耕地、园地、林地、草地、池塘、沟渠、田间道路和其他生产性建筑用地。其中耕地、园地、林地、草地是农业用地中最主要的土地类型。

农业用地所有权是指农业用地的土地所有者为实现农业生产的目的，对土地所享有的占有、使用、收益和处分的权利。

（二）农业用地所有权的分类

我国的农业用地也存在着全民所有制土地（即社会主义国有土地）和劳动群众集体所有制土地两种形式。

1. 农业用地国家所有权

农业用地国家所有权是农业用地国家所有制在法律上的表现，其主体是具有法人资格的国家。

根据《中华人民共和国宪法》规定，我国农村国有土地主要包括：

（1）除法律规定由集体所有的森林、山岭、草原、荒地、滩涂之外的全部矿藏、水流、森林、山岭、草原、荒地、滩涂等土地资源。

（2）名胜古迹、自然保护区等特殊用地（不包括区内属集体所有的土地）。

（3）国营农、林、牧、渔等农业企业、事业单位使用的土地。

（4）国家拨给国家机关、部队、国防设施、国营公共交通（铁路、公路、码头、机场）、学校等非农企业、事业单位使用的土地。

（5）国家拨给农村集体和个人使用的国有土地。

（6）法律规定属于集体所有以外的一切土地。

2. 农业用地集体所有权

农业用地集体所有权的客体是集体土地，依据相关规定，我国农村和城市郊区的土地，除法律规定属于国家所有之外，属于农民集体所有；宅基地和自留地、自留山，属于农民集体所有。

由于我国农村中客观存在着多种形式的集体组织，集体土地所有权主体有以下几种类型。

（1）村农民集体。由村农民集体经济组织或村民委员会经营、管理。这是现阶段农村集体土地所有权主体的主要类型。

（2）乡（镇）农民集体。如果土地已经属于乡（镇）农民集体所有的，可以由乡（镇）农民集体所有，由乡（镇）农民集体经济组织经营、管理。由于我国农村客观存在着少数原来已经公社化的土地，同时农林渔场的土地以及某些工业企业使用的土地大多属于乡（镇）所有，因此由乡（镇）行使所有权较为现实、妥当。

(3) 村内多个农民集体。如果村内有两个以上农村集体经济组织，如多个村民小组等，而土地已经属于这些集体所有，集体土地可以归该组织农民所有，并由该组织经营、管理。这主要是考虑到当前有些地区村民小组仍然是农业经济集体和土地发包单位，由其继续经营、管理，有利于稳定目前农村的集体土地所有制。

二、农业用地使用权

土地使用权是单位或个人经国家依法确认的使用土地的权利，它分为国有土地使用权、集体土地建设用地使用权、农业生产用地的承包经营权。

农业生产用地的承包经营权是指集体或者个人通过承包、转包等形式依法取得的使用农民集体或国家所有土地从事广义农业生产的权利。它是一种使用土地的特定形式，它以合同的方式使用土地，是不经政府确定的一种使用权。

《中华人民共和国农村土地承包法》（简称《农村土地承包法》）具体规定了农业用地承包经营权流转制度和乡镇企业有偿使用制度。凡占用集体所有土地的乡镇办企业、村办企业、联营企业和个体企业均按规定交纳土地使用费。土地使用费由土地管理部门负责逐年收取。

第二节　农村土地承包制度及流转

一、土地家庭承包经营权的期限

《农村土地承包法》第四条和第二十条规定，国家依法保护农村土地承包关系的长期稳定，耕地的承包期限为三十年；草地的承包期限为三十至五十年；林地的承包期限为三十至七十年；特殊林木的林地承包期，经国务院林业行政主管部门批准可以延长。

第二轮土地承包过程中，有的地方签订的承包合同约定的承包期达不到法律规定期限的，应当按照法律规定修改承包期。有的地方按照当地人民政府的有关规定签订的承包合同，约定的承包期比该法规定的期限更长的，其承包期限继续有效，不必修改，也不得重新承包。

二、承包期内不得收回承包地的规定

1. 承包期内不得收回承包地

承包期内发包方不得收回承包地。但是，承包期内，承包方全家迁入设区的市，转为非农业户口的，应当将承包的耕地和草地交回发包方。承包方不交回的，发包方可以收回承包的耕地和草地。需要指出的是，由于林地生产周期长，为保护植树造林的积极性，《农村土地承包法》规定不得收回承包的林地，承包林地的农民全家迁入设区的城市后，可以进行土地承包经营权流转，也可以继续承包经营。

2. 农民全家迁入小城镇后承包土地的处理

目前我国小城镇的社会保障制度尚不健全，农民在小城镇一旦遇到工作困难，还是要回到农村从事农业生产，以此作为基本的社会保障。因此，《农村土地承包法》规定，承包期内，承包方全家迁入小城镇落户的，应当按照承包方的意愿，保留其土地承包经营权或者允许其依法进行土地承包经营权流转。

三、承包期内不得调整承包地的规定

1. 承包期内不得调整承包地

为了稳定农村土地承包关系，《农村土地承包法》规定，承包期内，发包方不得调整承包地。在《农村土地承包法》实施以后，出现人地矛盾，主要采取三种途径解决：一是利用承包时依法预留的机动地（机动地面积不超过本集体经济组织耕地总面积的5%）、承包期内依法开垦增加的土地、承包方依法自愿交回的土地等，发包给新增人口；二是依法进行土地承包经营权流转，通过转包、出租、转让等方式，在稳定家庭承包经营的基础上，将土地承包经营权流转到需要的人的手里；三是通过发展乡镇企业和第二、第三产业，转移农村剩余劳动力，从根本上减轻人口对土地的压力。

2. 允许进行个别调整的情形及程序

承包期内，因自然灾害严重毁损承包地等特殊情况对个别农户之间承包的耕地和草地需要适当调整的，必须经本集体经济组织成员的村民会议2/3以上成员或者2/3以上村民代表的同意，并报乡（镇）人民政府和县级人民政府等农业行政主管部门批准。承包合同中约定不得调整的，按照其约定执行。

四、家庭承包经营权的继承

《农村土地承包法》第三十一条区分三种不同情况，对继承问题做出了规定。

一是家庭承包的土地承包经营权不发生继承问题。通过家庭承包形式取得的土地承包经营权，家庭的某个或者部分成员死亡的，土地承包经营权不发生继承问题。家庭成员全部死亡的，土地承包经营权灭失，由发包方收回承包地。

二是承包人应得的收益可以依法继承。在承包期内，承包人死亡的，其依法应当获得的承包收益，按照《中华人民共和国继承法》的规定可以继承。这里的承包人应当理解为承包户的家庭成员。

三是林地的承包经营权的继承。林地承包的承包人死亡，其继承人可以在承包期内继续承包。这里主要是指，家庭承包的林地，在家庭成员全部死亡的，最后一个死亡的家庭成员的继承人（可以是本集体经济组织成员，也可以是集体经济组织以外的继承人），在承包期内均可以继续承包，直到承包期满。

五、土地家庭承包经营权的流转

我国《农村土地承包法》规定，农户的土地承包经营权可以依法流转。在稳定农户的土地承包关系的基础上，允许土地承包经营权合理流转，是农业发展的客观要求。而确保家庭承包经营制度长期稳定，赋予农户长期而有保障的土地使用权，是土地承包经营权流转的基本前提。

1. 土地承包经营权流转的原则

（1）平等协商、自愿、有偿原则。根据我国《农村土地承包法》第三十三条规定，土地承包经营权的流转应当遵循该原则。尊重农户在土地使用权流转中的意愿，平等协商，严格按照法定程序操作，充分体现有偿使用原则，不搞强迫命令等违反农民意愿的硬性流转。流转的期限不得超过承包期的剩余期限，受让方须有农业经营能力，在同等条件下本集体经济组织成员享有优先权。

（2）不得改变土地集体所有性质、不得改变土地用途、不得损害农民土地承包权益（“三个不得”）原则。党的十七届三中全会审议通过的《中共中央关于推进农村改革发展若干重大问题的决定》中规定，上述“三个不得”是农村土地流转必须遵循的重大原则。农村土地归集体所有，土地流转的只是承包经营权，不能在流转中变更土地所有权属性，侵犯农村集体利益。实行土地用途管制是我国土地管理的一项重要制度，农地只能农用。在土地承包经营权流转中，农民的流转自主权、收益权要得到切实保障，转包方和农村基层组织不能以任何借口强迫流转或者压低租金价格，侵犯农民的权益。

2. 土地承包经营权流转的方式

依据我国《农村土地承包法》第三十七条规定，土地承包经营权的流转主要是以下几种方式：转包、出租、互换、转让、入股。

（1）转包。主要是指承包方把自己承包期内承包的土地，在一定期限内全部或部分转包给本集体经济组织内部的其他农户耕种。

(2) 出租。主要是指承包方作为出租方，将自己承包期内承包的土地，在一定期限内全部或部分租赁给本集体经济组织以外单位或个人，并收取租金的行为。

(3) 互换。主要是指土地承包经营权人将自己的土地承包经营权交换给他人行使，自己行使从他人处换来的土地承包经营权。

(4) 转让。主要是指土地承包经营权人将其所拥有的未到期的土地承包经营权以一定的方式和条件转移给他人的行为。

转让不同于转包、出租和互换。在转包和出租的情况下，发包方和出租方即原承包方与原发包方的承包关系没有发生变化，新发包方和出租方并不失去土地承包经营权。在互换土地承包经营权中，承包方承包的土地虽发生了变化，但并不因此而丧失土地承包经营权。而在土地承包经营权的转让中，原承包方与发包方的土地承包关系即行终止，转让方（原承包方）不再享有土地承包经营权。

(5) 入股。是指承包方之间为了发展农业经济，自愿联合起来，将土地承包经营权入股，从事农业合作生产。这种方式的土地承包经营权入股，主要从事合作性农业生产，以入股的股份作为分红的依据，但各承包户的承包关系不变。

3. 土地承包经营权流转履行的手续

(1) 土地承包经营权流转实行合同管理制度。《农村土地承包经营权流转管理办法》规定，土地承包经营权采取转包、出租、互换、转让或者其他方式流转，当事人双方应签订书面流转合同。

农村土地承包经营权流转合同一式四份，流转双方各执一份，发包方和乡（镇）人民政府农村土地承包管理部门各备案一份。承包方将土地交由他人代耕不超过一年的，可以不签订书面合同。承包方委托发包方或者中介服务组织流转其承包土地的，流转合同应当由承包方或其书面委托的代理人签订。农村土地承包经营权流转当事人可以向乡（镇）人民政府农村土地承包管理部门申请合同鉴证。

乡（镇）人民政府农村土地承包管理部门不得强迫土地承包经营权流转当事人接受鉴证。

（2）农村土地承包经营权流转合同内容。农村土地承包经营权流转合同文本格式由省级人民政府农业行政主管部门确定。其主要内容有：

①双方当事人的姓名、住所；

②流转土地的四至、坐落、面积、质量等级；

③流转的期限和起止日期；

④流转方式；

⑤流转土地的用途；

⑥双方当事人的权利和义务；

⑦流转价款及支付方式；

⑧流转合同到期后地上附着物及相关设施的处理；

⑨违约责任。

（3）农村土地经营权流转合同的登记。进行土地承包经营权流转时，应当依法向相关部门办理登记，并领取土地承包经营权证书和林业证书，同时报乡（镇）政府备案。农村土地经营权流转合同未经登记的，采取转让方式流转土地承包经营权中的受让人不得对抗第三人。

六、其他方式的承包

不宜采取家庭承包方式的荒山、荒沟、荒丘、荒滩（通常并称“四荒”）等农村土地，通过招标、拍卖、公开协商等方式承包的，属于其他方式承包。

1. 其他方式承包的特点

（1）承包方多元性。承包方可以是本集体经济组织成员，也可以是本集体经济组织以外的单位或个人。在同等条件下，本集体经济组织成员享有优先承包权。如果发包方将农村土地发包给本集体经济组织以外的单位或个人承包，应当事先经本集体经济组织成员的村民会议 2/3 以上成员或者 2/3 以上村民代表的同意，并报乡（镇）人民政府批准。

(2) 承包方法的公开性。承包方法是实行招标、拍卖或者公开协商，发包方按照“效率优先、兼顾公平”的原则确定承包人。

2. 其他方式承包的合同

荒山、荒沟、荒丘、荒滩等可以通过招标、拍卖、公开协商等方式实行承包经营，也可以将土地承包经营权折股给本集体经济组织成员后，再实行承包经营或者股份合作经营。承包荒山、荒沟、荒丘、荒滩的，应当遵守有关法律、行政法规的规定，防治水土流失，保护生态环境。发包方和承包方应当签订承包合同，当事人的权利和义务、承包期限等，由双方协商确定。以招标、拍卖方式承包的，承包费通过公开竞标、竞价确定；以公开协商等方式承包的，承包费由双方议定。

3. 其他方式承包的土地承包经营权流转

通过招标、拍卖、公开协商等方式承包农村土地，经依法登记取得土地承包经营权证或者林权证等证书的，其土地承包经营权可以依法转让、出租、入股、抵押或者其他方式流转。与家庭承包取得的土地承包经营权相比较，少了一个转包，多了一个抵押。

土地承包经营权抵押，是指承包方为了确保自己或者他人债务的履行，将土地不转移占有而提供相应担保。当债务人不履行债务时，债权人就土地承包经营权作价变卖或者折价抵偿，从而实现土地承包经营权的流转。应注意我国现行法律只允许“四荒”土地承包经营权抵押，而大量的家庭承包方式下的土地承包经营权是不允许抵押的。

第三节　农村土地承包合同

一、农村土地承包合同的主体

合同的主体包括合同的发包方和承包方。根据《农村土地承包法》第十二条规定，合同的发包方是农村集体经济组织、村委会或村民小组。合同的承包方是本集体经济组织的农户，签订合同的发包方是集体经济组织。发包方的代表通常是集体经济组织负责人。承包方的代表是承包土地的农户户主。

二、农村土地承包合同的主要条款

1. 农村土地承包合同条款

农村土地承包合同一般包括以下条款：①发包方、承包方的名称，发包方负责人和承包方代表的姓名、住所；②承包土地的名称、坐落、面积、质量等级；③承包期限和起止日期；④承包土地的用途；⑤发包方和承包方的权利和义务；⑥违约责任。

2. 承包合同存档、登记

承包的合同一般要求一式三份，发包方、承包方各一份，农村承包合同管理部门存档一份。同时，县级以上地方人民政府应当向承包方颁发土地承包经营权证或者林权证等证书，并登记造册，确认土地承包经营权。颁发土地承包经营权证或者林权证等证书，除按规定收取证书工本费外，不得收取其他费用。

三、农村土地承包合同当事人的权利义务

农村土地承包合同的当事人是发包方和承包方。

1. 发包方的权利和义务

（1）发包方的权利。

①发包本集体所有的或者国家所有由本集体使用的农村土地；

②监督承包方依照承包合同约定的用途合理利用和保护土地；

③制止承包方损害承包地和农业资源的行为；

④法律、行政法规规定的其他权利。

(2) 发包方的义务。

①维护承包方的土地承包经营权，不得非法变更、解除承包合同。承包合同生效后，发包方不得因承办人或者负责人的变动而变更或者解除，也不得因集体经济组织的分立或者合并而变更或者解除。承包期内，发包方不得单方面解除承包合同，不得假借少数服从多数强迫承包方放弃或者变更土地承包经营权，不得以划分“口粮田”和“责任田”等为由收回承包地搞招标承包，不得将承包地收回抵顶欠款。

②尊重承包方的生产经营自主权，不得干涉承包方依法进行正常的生产经营活动。

③依照承包合同约定为承包方提供生产、技术、信息等服务。

④执行县、乡（镇）土地利用总体规划，组织本集体经济组织内的农业基础设施建设。

⑤法律、行政法规规定的其他义务。

2. 承包方的权利和义务

(1) 承包方的权利。

①依法享有承包地使用、收益和流转的权利，有权自主组织生产经营和处置产品；

②承包地被依法征用、占用的，有权依法取得相应的补偿；

③法律、行政法规规定的其他权利。

(2) 承包方的义务。

①维持土地的农业用途，不得用于非农业建设；

②依法保护和合理利用土地，不得给土地造成永久性损害；

③制止承包方损害承包地和农业资源的行为；

④法律、行政法规规定的其他义务。

四、农村土地承包合同纠纷的解决

在土地承包过程中，发包方和承包方难免发生一些纠纷；这些纠纷的解决途径有以下几种。

1. 协商

发包方与承包方发生纠纷后，能够协商解决争议，是纠纷解决的最好办法。这样既节省时间，又节省人力和物力，但是并不是所有的纠纷都可以通过协商的方式解决。

2. 调解

纠纷发生后，可以请求村民委员会、乡（镇）人民政府调解，也可以请求政府的农业、林业等行政主管部门以及政府设立的负责农业承包管理工作的农村集体经济管理部门进行调解；调解不成的，可以寻求仲裁或者诉讼途径解决纠纷。

3. 仲裁或诉讼

当事人不愿协商、调解或者协商、调解不成的，可以向农村土地承包仲裁机构申请仲裁。对仲裁不服的，可以向人民法院起诉。当然，当事人也可以不经过仲裁，直接向人民法院起诉。

第四节　农村宅基地政策与法规

一、宅基地使用权

1. 宅基地使用权的涵义及特点

宅基地，顾名思义就是盖住宅用的地。宅基地使用权是经依法审批由农村集体经济组织分配给其成员用于建造住宅的没有使用期限制的集体土地使用权。宅基地使用权具有以下特点。

（1）依法取得。农村村民获得宅基地的使用权，必须履行完备的申请手续，经有关部门批准后才能取得。

（2）永久使用。宅基地使用权没有期限，由农民永久使用。可在宅基地上建造房屋、厕所等建筑物，并享有所有权；在房前屋后种植花草、树木，发展庭院经济，并对其收益享有所有权。

（3）随房屋产权转移。宅基地的使用权依房屋的合法存在而存在，并随房屋所有权的转移而转移。房屋因继承、赠与、买卖等方式转让时，其使用范围内的宅基地使用权也随之转移。在买卖房屋时，宅基地使用权须经过申请批准后才能随房屋转移。

（4）受法律保护。依法取得的宅基地使用权受国家法律保护，任何单位和个人不得侵犯。否则，宅基地使用权人可以请求侵害人停止侵害、排除妨碍、返还占用、赔偿损失。

2. 农村宅基地的法律法规

目前我国尚没有规范农村宅基地的专门法规，有关宅基地的法律规定，在《中华人民共和国土地管理法》（简称《土地管理法》）《中华人民共和国民法通则》、《中华人民共和国物权法》（简称《物权法》）中均有涉及，各省的《农村宅基地管理办法》在实践中发挥了巨大作用。为进一步加强农村宅基地管理，正确引导农村村民住宅建设，合理、节约使用土地，切实保护耕地，国土资源部2004年颁布了《关于加强农村宅基地管理的意见》。

二、宅基地的申请

农村村民一般是在原有的宅基地上拆旧建新或者是申请新的宅基地，独立建造自家的房屋。我国现行的《土地管理法》第六十二条规定："农村村民一户只能拥有一处宅基地。"国土资源部《关于加强农村宅基地管理的意见》第（五）项规定："严格宅基地申请条件。坚决贯彻'一户一宅'的法律规定。农村村民一户只能拥有一处宅基地，面积不得超过省（区、市）规定的标准。各地应结合本地实际，制定统一的农村宅基地面积标准和宅基地申请条件。不符合申请条件的不得批准宅基地。"对于由于房产继承等原因形成的多处住宅，原则上不作处理，村民可以采用出卖等方式处理，也可以维持现状。

1. 申请宅基地的条件

可以依法申请农村宅基地的人通常情况下只能为农村村民，而且专指本集体经济组织的成员。农村村民将原有住房出卖、出租或赠与他人后，不可以再申请宅基地。非本村集体经济组织成员或者是城镇居民一般不允许申请宅基地。当然也存在特殊情况。在有些地方，如果经过村民大会同意以及经过相关政府的严格批准后，某些特殊的、非本村村民的其他人也可以申请获得宅基地。例如，《山西省实施〈中华人民共和国土地管理法〉办法》规定，集体经济组织招聘的技术人员在本村落户的可以申请使用宅基地。

2. 申请宅基地的程序

村民申请宅基地要依照下列程序办理申请用地手续。

（1）申请宅基地的村民先向所在地村农业集体经济组织或村民委员会提出建房申请。

（2）村民大会或者村民委员会对申请进行讨论，在表决通过后，上报乡（镇）人民政府审核或者按规定办理批准手续。

（3）政府办理批准手续：占用原宅基地、村内空闲地等非耕地的一般报乡（镇）人民政府审核批准；占用耕地的，由乡镇人民政府审核，经县人民政府土地管理部门审查同意，报县人民政府批准。

（4）由乡镇土地管理所按村镇规划定点划线，准许施工。

（5）房屋竣工后，经有关部门检查验收符合用地要求的，发给集体土地使用证。

三、宅基地及宅基地使用权的流转

农村的土地归集体所有，分配给农民的宅基地，村民只有使用权，而没有所有权，其转让一般随房屋一起转让。宅基地使用权的流转是指宅基地使用权人将其享有的宅基地使用权转让给他人使用，受让人支付价款的法律行为。根据《土地管理法》的规定，土地使用权可以依照法律规定转让，具体转让程序由国务院制定。

宅基地流转的方式主要有以下几种：交换、转让、租赁、入股、赠予等。根据《物权法》第一百五十五条规定：“已经登记的宅基地使用权转让或者灭失的，应当及时办理变更登记或者注销登记。”

四、宅基地的继承和收回

1. 宅基地的继承

由于公民对宅基地只有使用权而没有所有权，所以单独宅基地不能继承。但建造在宅基地上的房屋产权属于公民自有，可以继承，按照我国法规规定的“地随房走”原则，可以根据房屋所有权的变更而继续使用宅基地，村集体经济组织是不会也不应该强行要求村民拆除房屋将宅基地腾退出来的。

2. 宅基地的收回

农民依法取得的宅基地受法律保护，集体经济组织不得随意或者擅自收回农民的宅基地。但在下列情况下，集体经济组织是可以收回农民宅基地的。

(1) 为乡（镇）村公共设施和公益事业建设，需要使用农民宅基地的。

(2) 不按照批准的用途使用宅基地。

(3) 因住宅迁移等原因而停止使用宅基地。属于第一种情况收回农民宅基地的，对土地使用权应当给予适当的补偿。

另外，1995 年国家土地管理局公布的《确定土地所有权和使用权的若干规定》第五十二条规定：“空闲或房屋坍塌、拆除两年以上未恢复使用的宅基地，不确定土地使用权。已经确定使用权的，由集体报经县级人民政府批准，注销其土地登记，土地由集体收回。”

五、宅基地纠纷的解决

宅基地的纠纷主要有两大类：一类是宅基地使用权确权纠纷，一类是宅基地使用权的侵权纠纷。确权纠纷，是指确认宅基地使用权权属的纠纷，比如因宅基地地界不清引发的纠纷、宅基地手续不合法引发的纠纷等。侵权纠纷，是指在权属明确的情况下，一方侵犯了另一方宅基地合法的使用权引发的纠纷，比如邻居侵占了自己的宅基地等。

1. 宅基地使用权确权纠纷的解决

现行《土地管理法》第十六条规定："土地所有权和使用权争议，由当事人协商解决；协商不成的，由人民政府处理。单位之间的争议，由县级人民政府处理。个人之间、个人与单位之间的争议，由乡级人民政府或者县级以上人民政府处理。当事人对有关人民政府的处理决定不服的，可以自接到处理决定通知之日起三十日内，向人民法院起诉。在土地所有权和使用权争议解决前，任何一方不得改变土地利用现状。"宅基地使用权确权的纠纷，不能直接向人民法院提起诉讼，而应当先提交土地行政机关处理。

2. 宅基地使用权侵权纠纷的解决

宅基地使用权侵权纠纷，是在权属明确的情况下，即宅基地使用权已经经过土地行政机关的确权登记，一方侵犯了另一方宅基地合法的使用权引发的纠纷，这类纠纷可以通过和解、调解的方式解决，也可以直接向人民法院提起诉讼。

六、宅基地以外的其他集体建设用地

1. 兴办乡镇企业用地

兴办乡镇企业用地是指使用本集体经济组织农民集体所有的土地进行乡镇企业建设的，包括乡（镇）、村（或村民小组）两级农业集体经济组织举办的企业、农民集资联办的企业、农民个体企业以及农民集体与其他单位和个人联办的企业使用本集体所有的土地。但不允许乡（镇）企业使用村或村民小组所有的土地，村办企业也不能使用村民小组或者其他村集体所有的土地。

兴办乡镇企业用地，应当持有关批准文件向县级以上地方人民政府土地行政主管部门提出申请，按照省、自治区、直辖市规定的批准权限，由县级以上地方人民政府批准。涉及占用农用地的，应当先办理农用地转用手续；涉及农民承包的土地，应当由农村集体经济组织对承包经营者予以安置。

2. 乡（镇）村公共设施、公益事业建设用地

乡（镇）村公共设施、公益事业建设用地包括农村道路、水利设施、学校、通讯、医疗卫生、敬老院、幼儿园、乡村行政办公、文化科技、生产服务和公益事业、防洪设施等。这类用地由农民集体经济组织或村民委员会提出，经乡（镇）人民政府审核后，向县级以上人民政府土地行政主管部门申请，按省、自治区、直辖市规定的批准权限批准。

第五节　农村土地承包合同纠纷的调解与仲裁

一、农村土地承包经营纠纷调解与仲裁概述

《农村土地承包法》第五十条规定，土地承包经营权通过招标、拍卖、公开协商等方式取得的，该承包人死亡，其应得的承包收益依照继承法的规定继承；在承包期内，其继承人可以继续承包。发生农村土地承包经营纠纷的，当事人可以自行和解，也可以请求村民委员会、乡（镇）人民政府等调解。当事人和解、调解不成或者不愿和解、调解的，可以向农村土地承包仲裁委员会申请仲裁，也可以直接向人民法院起诉。

（一）农村土地承包经营纠纷的四种处理方式

（1）自行和解。对于农村土地承包合同纠纷，双方可以自行

和解。

（2）调解。纠纷当事人也可以请求村民委员会、乡（镇）人民政府等调解。

（3）申请仲裁。当事人和解、调解不成或者不愿和解、调解的，可以向农村土地承包仲裁委员会申请仲裁。

（4）诉讼。当事人和解、调解不成或者不愿和解、调解的，除申请仲裁外，也可以直接向人民法院起诉。

（二）六种农村土地承包经营纠纷

六种农村土地承包经营纠纷可向仲裁委员会申请调解和仲裁。

（1）因订立、履行、变更、解除和终止农村土地承包合同发生的纠纷。

（2）因农村土地承包经营权转包、出租、互换、转让、入股等流转发生的纠纷。

（3）因收回、调整承包地发生的纠纷。

（4）因确认农村土地承包经营权发生的纠纷。

（5）因侵害农村土地承包经营权发生的纠纷。

（6）法律、法规规定的其他农村土地承包经营纠纷。

因征收集体所有的土地及其补偿发生的纠纷，不属于农村土地承包仲裁委员会的受理范围，可以通过行政复议或者诉讼等方式解决。

（三）调解或仲裁的原则及政府的职责

调解和仲裁，应当公开、公平、公正，便民高效，根据事实，符合法律，尊重社会公德。

县级以上人民政府应当加强对农村土地承包经营纠纷调解和仲裁工作的指导。县级以上人民政府农村土地承包管理部门及其他有关部门应当依照职责分工，支持有关调解组织和农村土地承包仲裁委员会依法开展工作。

二、农村土地承包经营纠纷的调解

经人民调解委员会调解达成的、有民事权利义务内容，并由双方当事人签字或者盖章的调解协议，具有民事合同性质。

既可以由村民委员会或乡（镇）政府进行调解，也可以由土地纠纷仲裁委员会进行调解。针对农民的特点和需要，法律规定，当事人申请农村土地承包经营纠纷调解可以书面申请，也可以口头申请。

调解农村土地承包经营纠纷，村民委员会或者乡（镇）人民政府应当充分听取当事人对事实和理由的陈述，讲解有关法律以及国家政策，耐心疏导，帮助当事人达成协议。经调解达成协议的，村民委员会或者乡（镇）人民政府应当制作调解协议书。调解协议书由双方当事人签名、盖章或者按指印，经调解人员签名并加盖调解组织印章后生效。

仲裁庭对农村土地承包经营纠纷应当进行调解，调解达成协议的，仲裁庭应当制作调解书；调解不成的，应当及时做出裁决。调解书应当写明仲裁请求和当事人协议的结果。调解书由仲裁员签名，加盖农村土地承包仲裁委员会印章，送达双方当事人。调解书经双方当事人签收后，即发生法律效力。在调解书签收前当事人反悔的，仲裁庭应当及时作出裁决。

三、农村土地承包经营纠纷的仲裁

经人民调解委员会调解达成的、有民事权利义务内容，并由双方当事人签字或者盖章的调解协议，具有民事合同性质。对于仲裁委员会调解达成协议后制作的发生法律效力的调解书、裁决书，应当依照规定的期限履行。一方当事人逾期不履行的，另一方当事人可以向被申请人住所地或者财产所在地的基层人民法院申请执行。受理申请的人民法院应当依法执行。

如果当事人对农村土地承包仲裁机构的仲裁裁决不服的，可以在收到裁决书之日起30日内向人民法院起诉。逾期不起诉的，裁决书即发生法律效力。仲裁生效后再向人民法院起诉将不予受理。

（一）仲裁申请

1. 提出申请的方式

农村土地承包经营纠纷的解决有很强的时效性和季节性。为方便群众就地、及时、有效地解决纠纷，并衔接好仲裁与诉讼的关系，法律对仲裁申请和受理的程序予以明确规定："当事人申请仲裁，应当向纠纷涉及的土地所在地的农村土地承包仲裁委员会递交仲裁申请书。仲裁申请书可以邮寄或者委托他人代交。仲裁申请书应当载明申请人和被申请人的基本情况，仲裁请求和所根据的事实、理由，并提供相应的证据和证据来源。"

书面申请确有困难的，可以口头申请，由农村土地承包仲裁委员会记入笔录，经申请人核实后由其签名、盖章或者按指印。

2. 要注意申请仲裁的时效

法律规定仲裁的时效期间为2年，自当事人知道或者应当知道其权利被侵害之日起计算。时效的规定是为了督促当事人及时行使自己的权利。

但是根据司法解释规定，农村土地承包仲裁委员会以超过申请仲裁的时效期间为由驳回申请后，当事人就同一纠纷提起诉讼的，人民法院应予受理。这主要是考虑到农村土地承包纠纷中，仲裁非诉讼的前置程序，因此，仲裁时效与诉讼时效的计算应各自独立。诉讼请求是否超过诉讼时效期间，应由法院在受理后的实体审理中做出认定。

超过诉讼时效，当事人自愿履行的，不受诉讼时效限制。因此，在实践中，该类案件起诉到法院后，与审理其他民事案件一样，只有在对方当事人提出已经超过诉讼时效的情况下，法院才依法审查当事人的请求权是否超过诉讼时效期间。

(二) 仲裁须知

1. 参加仲裁的人员认定

法律规定，农村土地承包经营纠纷仲裁的是申请人与被申请人（当事人）。家庭承包的，可以由农户代表人参加仲裁。当事人一方人数众多的，可以推选代表人参加仲裁。与案件处理结果有利害关系的，可以申请作为第三人参加仲裁，或者由农村土地承包仲裁委员会通知其参加仲裁。当事人、第三人可以委托代理人参加仲裁。

2. 申请财产保全的条件

一方当事人因另一方当事人的行为或者其他原因，可能使裁决不能执行或者难以执行的，可以申请财产保全。

当事人申请财产保全的，农村土地承包仲裁委员会应当将当事人的申请提交被申请人住所地或者财产所在地的基层人民法院。申请有错误的，申请人应当赔偿。

3. 审理土地承包经营纠纷的地点及仲裁员的选择

农村土地承包经营纠纷仲裁应当开庭进行。开庭可以在纠纷涉及的土地所在地的乡（镇）或者村进行，也可以在农村土地承包仲裁委员会所在地进行。当事人双方要求在乡（镇）或者村开庭的，应当在该乡（镇）或者村开庭。

法律规定，仲裁庭依法独立履行职责，不受行政机关、社会团体和个人的干涉。农村土地承包仲裁委员会应当从公道正派的人员中聘任仲裁员。仲裁员应当符合规定的条件。

4. 当事人的权利和义务

（1）可以自行和解。当事人申请仲裁后，可以自行和解。达成和解协议的，可以请求仲裁庭根据和解协议作出裁决书，也可以撤回仲裁申请。仲裁庭作出裁决前，申请人撤回仲裁申请的，除被申请人提出反请求的外，仲裁庭应当终止仲裁。

（2）可以放弃或变更、承认、反驳仲裁请求或提出反请求：申请人可以放弃或者变更仲裁请求；被申请人可以承认或者反驳仲裁请求，有权提出反请求。

(3) 可以发表意见：当事人在开庭过程中有权发表意见、陈述事实和理由、提供证据、进行质证和辩论。对不通晓当地通用语言文字的当事人，农村土地承包仲裁委员会应当为其提供翻译。

5. 提出证据

(1) 举证责任。当事人应当对自己的主张提供证据。与纠纷有关的证据由发包方等掌握管理的，该发包方应当在仲裁庭指定的期限内提供，逾期不提供的，应当承担不利后果。仲裁庭认为有必要收集的证据，可以自行收集。

(2) 质证。证据应当在开庭时出示，但涉及国家秘密、商业秘密和个人隐私的证据不得在公开开庭时出示。仲裁庭应当依照仲裁规则的规定开庭，给予双方当事人平等陈述、辩论的机会，并组织当事人进行质证。经仲裁庭查证属实的证据，应当作为认定事实的根据。

(3) 证据保全。在证据可能灭失或者以后难以取得的情况下，当事人可以申请证据保全。当事人申请证据保全的，农村土地承包仲裁委员会应当将当事人的申请提交证据所在地的基层人民法院。

6. 仲裁庭的裁决

(1) 先行裁定。对权利义务关系明确的纠纷，经当事人申请，仲裁庭可以先行裁定维持现状、恢复农业生产以及停止取土、占地等行为。一方当事人不履行先行裁定的，另一方当事人可以向人民法院申请执行，但应当提供相应的担保。

(2) 裁决。仲裁庭应当根据认定的事实和法律以及国家政策做出裁决并制作裁决书。裁决应当按照多数仲裁员的意见做出，少数仲裁员的不同意见可以记入笔录。仲裁庭不能形成多数意见时，裁决应当按照首席仲裁员的意见做出。

农村土地承包仲裁委员会应当在裁决做出之日起 3 个工作日内

将裁决书送达当事人，并告知当事人不服仲裁裁决的起诉权利、期限。

（3）裁决做出的期限。仲裁农村土地承包经营纠纷，应当自受理仲裁申请之日起 60 日内结束；案情复杂需要延长的，经农村土地承包仲裁委员会主任批准可以延长，并书面通知当事人，但延长期限不得超过 30 日。

（4）不服裁决的起诉。当事人不服仲裁裁决的，可以自收到裁决书之日起 30 日内向人民法院起诉。逾期不起诉的，裁决书即发生法律效力。

（5）调解书、裁决书的效力。当事人对发生法律效力的调解书、裁决书，应当依照规定的期限履行。一方当事人逾期不履行的，另一方当事人可以向被申请人住所地或者财产所在地的基层人民法院申请执行。受理申请的人民法院应当依法执行。

第十二章 自然资源和农业生产资料的法律保护

第一节 耕地管理法律制度

一、概念和保护的意义

1. 概念

农业土地资源是指用做农业生产资料的土地。农业土地资源保护法律制度是指关于国家干预农业土地资源保护关系的法律规范的总称。主要包括《中华人民共和国农业法》《中华人民共和国土地管理法》《中华人民共和国水土保持法》《中华人民共和国防沙治沙法》《中华人民共和国退耕还林条例》《中华人民共和国基本农田保护条例》《中华人民共和国土地管理法实施条例》《中华人民共和国水土保持法实施条例》《中华人民共和国土地复垦规定》《加强土地管理制止乱占耕地的通知》等。其中，包括耕地占用审批制度、耕地保护制度、耕地保养制度、水土保持制度、防沙治沙制度、退耕还林制度等。

2. 保护的意义

（1）土地是农业生产最基本的生产资料，离开了土地资源农业生产便无从进行。保护土地资源就是保护了农业生产中基本的物质条件，保护了国民经济的基础，保护了人类社会生存和发展的基础。

（2）土地资源是有限的、不可再生的资源。因此，保护农业土地资源，防止人们对土地资源的过度利用，防止农地资源的非农化，对农业发展具有极为重要的意义。

（3）土地过度利用、浪费、破坏的严重形势决定了对农地资源保护的紧迫性和艰巨性。

二、耕地占用审批制度

耕地占用审批制度是指关于非农建设占用耕地审批职责、权限、程序的政策与法规。它主要体现在《中华人民共和国土地管理法》中，其主要内容包括：

（1）非农建设用地原则。《土地管理法》第二十条第二款规定："国家建设和乡（镇）村建设必须节约使用土地，可利用荒地的，不得占用耕地；可利用劣地的，不得占用好地。"

（2）国家建设征用耕地的审批权限。①国家建设征用耕地 1 千亩以上，其他土地 2 千亩以上，包括一个建设项目同时征用耕地 1 千亩和其他土地 1 千亩以上合计为 2 千亩以上的，由国务院批准；②出让耕地 1 千亩以下，其他土地 2 千亩以下的，由省、自治区人民政府批准；③征用耕地 3 亩以下的，其他土地 10 亩以下的，由县级人民政府批准；④省辖市、自治州人民政府的批准权限，由省、自治区人民代表大会常务委员会决定；⑤直辖市的区、县人民政府的批准权限，由直辖市人民代表大会常务委员会决定。

（3）非农用地使用权的主要形式。①农村宅基地使用权；②乡（镇）村企业用地使用权；③乡（镇）村公共设施、公益事业用地使用权；④国家建设所需对农村集体土地的临时使用权。

（4）建设用地管理法律制度，分为国家建设用地和乡（镇）村建设用地。其基本特征为：①实行严格的审批制度，控制非农建设占用农用地，特别是耕地。建设占用地，涉及农用地转为建设用地的，根据用地的不同情况，实行国务院和省级人民政府两级审批的制度。②严格限制占用集体土地进行非农建设。根据《土地管理法》第四十三条规定，只有三种情况可使用农民集体所有的建设用地：一是举办乡镇企业使用本集体的土地或农民集体以本集体所有的土地使用权以入股、联营等形式与其他单位或个人共同举办企业的；二是村民建住宅使用本集体的土地的；三是乡（镇）村公共设施和公益事业建设使用农民集体的土地的。

集体土地征用是指国家因建设用地的需要，依照法定的条件和程序，将集体所有的土地强制性转为国有的行为。它有以下法律特征：①是政府的一种行政行为；②是一种依法实施的强制性行为；③具有一定的补偿性；④是一种引起土地权属变更的行为。

关于征地的权限，必须经国务院批准方可征用的土地包括：①基本农田；②基本农田以外的耕地超过35公顷的；③其他土地超过70公顷的。由省级人民政府批准方可征用的土地：除了由国务院审批征用的土地以外，其他征用的土地都由省级人民政府批准；省级人民政府批准征用土地的，必须同时报国务院备案。

征地的程序如下：（建设单位向建设项目批准机关的同级土地部门）预申请——（建设单位向土地所在地市、县人民政府土地部门）申请——（受理申请的市、县人民政府土地部门）拟订方案并上报（上一级土地部门）——（受理上报材料的土地部门同级人民政府审核后逐级上报有批准权的人民政府）审批——（市、县人民政府土地部门）组织实施并公告——（市、县人民政府土地部门）征地补偿、安置方案的拟订、报批和实施——（市、县人民政府土地部门）颁发证书、办理土地登记。

补偿标准如下：①征用耕地的补偿费用包括土地补偿费、安置补助费及地上附着物和青苗补偿费。土地补偿费为该耕地被征用前三年年均产值的6～10倍；安置补助费按照需要安置的农业人口数计算，每一个需要安置的农业人口的安置补助费为该耕地被征用前三年年均产值的4～6倍，但是每公顷被征用耕地的安置补助费，最高不得超过被征用前三年年均产值的15倍。②征用城市郊区的菜地，用地单位应当按照国家有关规定缴纳新菜地开发建设基金。

③征用其他土地的土地补偿费和安置补助费，由省、自治区、直辖市参照征用耕地的土地补偿费和安置补助费的标准规定。④被征用土地上的附着物和青苗的补偿标准，由省、自治区、直辖市规定。征用耕地的安置补助费可以合理增加，但土地补偿费和安置补助费的总额不得超过土地被征用前三年年均产值的30倍。

农村建设用地制度是国家依法对农村建设使用土地实施规划、审批、监督等的管理制度。其核心是集体土地建设用地使用权的管理、用地规划和布局、用地标准、审批和控制等。

审批包括：①乡（镇）村企业建设用地，应当持有关批准文件，向县级以上地方人民政府土地部门提出申请，按照省、自治区、直辖市规定的批准权限，由县级以上人民政府批准；其中，涉及农用地的，经依法办理农用地转批手续。②乡（镇）村公共设施、公益事业建设用地，先经乡（镇）人民政府审核，其他审批程序同于乡（镇）村企业建设用地。③农村村民宅基地用地，经乡（镇）人民政府审核，由县级人民政府批准；其中，涉及占用农用地的，依法办理农用地转批手续。

控制包括：①乡（镇）村企业建设用地，严格控制，其用地面积不得超过省、自治区、直辖市按照乡镇企业的不同行业和经营规模分别规定的控制标准；②农村村民一户只能拥有一处宅基地，其宅基地的面积不得超过省、自治区、直辖市规定的控制标准。

(5) 法律责任。法律责任是指实施违反土地法律规范的行为人，依法应承担的法律后果。承担的前提是土地违法行为。所谓土地违法行为，是指违反土地法律规定的行为。法律责任的基本形式主要有行政责任、民事责任和刑事责任三种形式。

①行政责任。它是针对违反土地法律规范的轻微或失职行为，由法定的行政机关依法对违法者实施行政制裁的法律后果。其主要形式包括行政处罚、行政赔偿责任和行政处分。行政处罚的适用范围及种类包括：a. 非法土地交易。即指土地所有权禁止交易；土地使用权可以交易，但必须依法进行。违反规定即为非法土地交

易，违法者应承担相应的法律责任。b. 非法占用土地。非经法定批准程序或虽经审批，但超过批准的数量或法定标准而进行土地征用和土地使用的行为，均为非法占用土地，违法者应承担相应的法律责任。c. 破坏耕地种植条件和造成土地荒漠化、盐渍化的，由县级以上人民政府土地部门责令限期改正或治理，可以并处罚款。d. 依法收回国有土地使用权，当事人拒不交出土地的，临时用地期满拒不归还的，或不按批准用途使用国有土地的，由县级以上人民政府土地部门责令交还土地，处以罚款。e. 拒不履行土地复垦义务的，由县级以上人民政府土地行政主管部门责令限期改正；逾期不改正的，责令缴纳复垦费，还可处以罚款。

②民事责任。它是指个人或组织实施违反土地法律规范、侵犯平等主体之间的土地权利的行为，依法应承担的法律后果。承担的方式，主要是采取强制履行应尽义务，或承担因侵权行为或违约行为造成损害的民事赔偿责任，一般包括排除妨碍、消除危险、停止侵占、恢复原状、返还财产、继续履约、赔偿损失、支付违约金等。

③刑事责任。它是指行为人违反土地管理法律、法规的行为已触犯了刑法有关规定，所须承担的法律后果。1997 年的《中华人民共和国刑法》中增设了土地犯罪的条款，包括非法转让、倒卖土地使用权罪，非法占有耕地罪，非法批准征用、占用土地罪和非法低价出让国有土地使用权罪。该四个罪名涵盖了管理、用地和流转三大领域，从而使土地管理受到了刑法强制性的保护，填补了在此之前我国土地立法的空白。另外，根据《土地管理法》第七十九条、第三百九十七条的规定及刑法相关条款的规定，还涉及土地主管部门工作人员在土地行政管理中的贪污罪、挪用公款罪、侵占罪、玩忽职守罪和滥用职权罪等罪名。

三、耕地保护制度

1. 概述

耕地是指适宜耕作、种植农作物的土地。耕地保护制度是指为保证耕地的永续利用而采取的各种保护措施与建立的相关法律制度。其主要内容：一是对现有耕地加以特殊保护，使其数量不致锐减，使其质量状况不致恶化。其核心是基本农田保护区制度。二是建立土地开发、整理与复垦制度，促使耕地数量逐渐增加，质量性能逐步改善。

2. 基本农田保护区制度

基本农田保护区制度是指根据一定时期人口和国民经济发展对农产品的需求，按土地利用总体规划确定长期不得占用的耕地。基本农田保护区是指对基本农田实行特殊保护而依照法定程序划定的区域。其管理体制包括：①县级以上地方各级人民政府应当将基本农田保护工作纳入国民经济和社会发展计划，并作为政府领导任期目标责任制的一项内容，由上一级人民政府监督实施国务院土地主管部门负责的全国基本农田保护管理工作；②县级以上地方各级人民政府土地主管部门和农业主管部门按照本级政府规定的职责分工，负责本行政区域内的基本农田保护管理工作。

各级政府在编制土地利用总体规划时，应划入基本农田保护区的耕地包括：①国务院有关主管部门和县级以上地方各级人民政府批准确定的粮、棉、油和名、优、特、新农产品生产基地；②高产、稳产田和有良好的水利与水土保护设施的耕地以及经过治理、改造和正在实施改造计划的中低产田；③大中城市蔬菜生产基地；④农业科研、教学试验田。各省、自治区、直辖市划定的基本农田应占本行政区域内耕地总面积的80％以上。

基本农田保护区的保护措施：①一经依法划定，任何单位和个人都不得擅自改变或占用；②经国务院批准占用基本农田的，当地人民政府应按照国务院的批准文件修改土地利用总体规划，并补充数量和质量相当的基本农田；③占用单位应按照县级以上各级人民政府的要求，将所占用基本农田耕作层土壤用于新开垦耕地、劣质地或其他耕地的土壤改良；④禁止在保护区内建窑、建房、建坟或擅自挖砂、采石、采矿、取土、堆放固体废弃物；⑤禁止任何单位和个人闲置、荒芜基本农田；⑥承包经营的单位或个人连续2年弃耕抛荒的，原发包单位应终止承包合同，收回发包的基本农田；⑦县级以上人民政府农业行政主管部门应会同同级环保行政主管部门对基本农田环境污染进行监测和评价，并定期向本级人民政府提出环境质量与发展趋势报告，调查处理农田环境污染事故。

有下列行为之一的，从重给予处罚：①未经批准或采用欺骗手段骗取批准，非法占用的；②超过批准数量，非法占用的；③非法批准占用的；④买卖或以其他形式转让的。应将耕地划入保护区而不划入的，由上一级人民政府责令限期改正；拒不改正的，对直接负责的主管人员和其他直接责任人员依法给予行政处分或法律制裁。违反规定擅自占用、改变或破坏基本农田的，由县级以上人民政府土地行政主管部门责令改正或治理，恢复原种植条件，处占用基本农田的耕地开垦费1倍以上2倍以下罚款；构成犯罪的，依法追究刑事责任。侵占、挪用基本农田的耕地开垦费或非法转让、倒卖、占用及非法批准征用基本农田，构成犯罪的，依法追究刑事责任；尚不构成犯罪的，依法给予行政处分或纪律处分。

3. 对耕地实行特殊保护的其他制度和措施

①占用耕地补偿制度。非农业建设经批准占用耕地的，依照“占多少、垦多少”的原则，由占用耕地的单位负责开垦与所占用耕地的数量和质量相当的耕地；没有条件开垦或者开垦的耕地不符合要求的，应按照省、自治区、直辖市的规定缴纳耕地开垦费，专款用于开垦新的耕地；各省、自治区、直辖市人民政府应制定开垦耕地计划，监督占用耕地的单位按照计划开垦耕地或按照计划组织开垦耕地，并进行验收。②耕地总量不减少制度。各省、自治区、

直辖市人民政府应严格执行土地利用总体规划和土地利用年度计划，采取措施，确保本行政区域耕地总量不减少；耕地总量减少的，由国务院责令在规定期限内组织开垦与所减少耕地的数量与质量相当的耕地，并由国务院土地行政主管部门会同农业行政主管部门验收。个别省、直辖市确因土地后备资源匮乏，新增建设用地后，新开垦耕地的数量不足以补偿所占耕地的数量的，须报经国务院批准减免本行政区域内开垦耕地的数量，进行易地开垦。③保证耕地质量数量措施。④禁止或限制闲置耕地措施。⑤实行耕地占用税措施。

4. 耕地保养制度

耕地保养制度是关于农业生产经营组织和农民应保养耕地，合理使用化肥农药，增加使用有机肥料，提高地力，防止耕地的污染、破坏和地力衰退及农业行政主管部门加强耕地质量建设的职责的法律制度。其具体内容包括：

（1）保养耕地、保持培肥地力是农业生产经营组织和农民的应尽义务和农业行政主管部门的应尽职责。

（2）农业生产经营组织和农民的具体保养义务。一是应遵守国家法律、法规和有关政策，保养耕地，保持和培肥地力，努力做到养分投入产出平衡有余，不能采取只用不养、掠夺地力的经营方式，及非法改变耕地的用途；二是合理使用化肥、农药、农用薄膜；三是增加使用有机肥料；四是在保养耕地、提高地力的过程中采用先进的科学技术；五是保护和提高地力。

（3）农业行政主管部门在加强耕地质量建设方面的具体职责。一是支持农民和农业生产经营组织加强耕地质量建设。例如，资讯、技术等方面的支持，以加强耕地质量的建设。二是对耕地质量进行定期监测，及时发现耕地质量是否发生不利方面的变化，同时也可通过定期监测进行经验总结，从总体上实现耕地的合理利用与开发。

第二节　森林资源保护法律制度

一、森林资源保护及其立法

1. 概念

森林是指存在于一定区域内的以树木或其他木本植物为主体的植物群落。根据其用途，可分为防护林、用材林、经济林、薪炭林、特种用途林。森林资源则是指一个国家或地区林地面积、树种及木材蓄积量等的总称。

2. 立法

主要包括1963年国务院颁布的《中华人民共和国森林保护条例》；1973年农林部颁布的《中华人民共和国森林采伐更新规程》；1979年全国人民代表大会常务委员会颁布的《中华人民共和国森林法》（试行）；1984年全国人大常委会颁布的《中华人民共和国森林法》；1986年国务院颁布的《中华人民共和国森林法实施细则》；1998年《关于修改〈中华人民共和国森林法〉的决定》，对1984年的《中华人民共和国森林法》进行了较大修改，将原法四十九条增加到四十九条；1987年颁布的《中华人民共和国森林法采伐更新管理办法》；1988年颁布的《中华人民共和国森林防火条例》；1989年颁布的《中华人民共和国森林病虫害防治条例》等。

二、立法的主要内容

1. 权属的规定

森林资源除法律规定属于集体所有者外，属于全民所有。法律允许公民个人享有对林木的所有权，对林木所在地的林地的使用权。全民所有和集体所有的森林、林木和林地，个人所有的林木和使用的林地，由县级以上地方人民政府登记造册，核发证书，确认所有权或使用权。森林、林木、林地的所有者和使用者的合法权益，受法律保护，任何单位和个人不得侵犯。全民单位营造的林木，由营造单位经营并按规定支配林木收益。集体单位营造的林木归单位所有。农村居民在房屋前后、自留地自留山地种植的林木，城镇居民和职工在自有房屋的庭院内种植的林木，归个人所有。集体或者个人承包全民所有或集体所有的宜林荒山荒地造林的，承包后种植的林木归承包后的集体或者个人所有，承包合同有规定的按合同规定办理。

2. 保护的法律规定

保护的法律规定包括：

（1）建立护林组织，加强护林责任制。

（2）禁止毁林开荒和毁林采石、采矿、采土及其他毁林活动，禁止在幼林地、特种用途地内砍柴放牧。

（3）加强森林病虫害防治和林木种苗检疫。

（4）加强森林防火。

3. 植树造林的法律规定

（1）植树造林，保护森林，是公民应尽的义务。

（2）全国森林覆盖率的奋斗目标是30%，县级以上地方人民政府按照山区、丘陵区和平原区的不同标准，确定本行政区域的奋斗目标。

（3）国家决定3月12日为我国植树节，年满11岁以上的公民要完成法定的义务植树任务。

（4）各级人民政府在植树造林方面的职责主要包括：组织群众植树造林；保护林地和林木；预防森林火灾；防治森林病虫害；制止滥伐、盗伐林木；提高森林覆盖率。

4. 采伐的法律规定

（1）应遵循的原则。一是按照用材林的消耗量要低于林木生产量的原则，全民单位和集体单位都要制定年采伐限额，经省级人民政府审核后，报经国务院批准。二是按照年度木材生产计划不得超过年度林木采伐限额的原则，全民单位经营的森林和林木、集体单位所有的森林和林木以及农村居民自留山的造林，都必须纳入年度木材生产计划。

（2）须遵守的规定。采伐林木须申请采伐许可证；审核发放许可证的部门应严格审查采伐申请，不得超过批准的年采伐限额发放许可证；采伐林木的单位和个人，须贯彻采育结合的方法，限期完成更新造林的任务；林区木材经营严格执行国务院的有关规定，从林区运出的木材，须持有林业主管部门发给的运输证件。

5. 法律责任

（1）对于盗伐、滥伐森林或者其他林木，情节轻微的；伪造或倒卖林木许可证、木材运输证件的；采伐木材的单位和个人，没有按照规定完成更新造林任务，情节严重的；进行开垦、采矿、采土、采种、采脂、砍柴及其他活动，致使森林、林木受到破坏的，可分别处以或并处责令赔偿损失、补种树木、没收违法所得、罚款。

（2）对于盗伐、滥伐林木情节严重的；盗伐林木据为己有，数额巨大的；超越批准的年采伐限额发放林木许可证，情节严重，致使森林严重破坏的；伪造或倒卖林木采伐许可证，情节严重的，可依照刑法的有关规定，追究行为人或直接责任人员的刑事责任。

第三节　渔业资源保护法律制度

一、渔业资源保护及其立法

1. 概念

渔业资源是指水域中可作为渔业生产经营的对象，及具有科学研究价值的水生生物的总称。主要有鱼类、虾蟹类、贝类、海藻类、淡水食用水生植物类以及其他类 6 大类。

2. 立法

包括 1986 年的《中华人民共和国渔业法》、1987 年的《中华人民共和国渔业法实施细则》、1988 年的《中华人民共和国渔业资源增殖保护费缴收使用办法》、1993 年的《中华人民共和国水生野生动物保护实施条例》及《中华人民共和国渔业水质标准》。

二、立法的主要内容

1. 立法目的

(1) 加强渔业资源保护、增殖、开发和利用。

(2) 发展人工养殖。

(3) 保障渔业生产者的合法权益。

(4) 促进渔业生产发展，以满足人民生活日益增长的需要。

2. 基本方针

实行以养殖为主，养殖、捕捞、加工并举，因地制宜，各有侧重的方针。

3. 养殖业和捕捞业

(1) 养殖业方针。鼓励全民所有制单位、集体所有制单位和个人充分利用适于养殖的水面、滩涂发展养殖业。捕捞业方针：国家鼓励、扶持外海和远洋捕捞业的发展，合理安排内水和近海捕捞力量。

(2) 渔业许可制度。指国家根据水产资源状况和渔业生产的实际情况，对从事渔业活动的人员及在渔业活动过程中所采取的方法、使用的船舶、涉及的水域、捕捞对象和作业时间的许可或批准。

4. 增殖和保护

渔业资源增殖措施是指为了促进某些经济鱼类大量繁衍，增加其资源量而进行水域环境改造，如对人工鱼、虾苗种等进行放流的一系列措施。

（1）征收渔业资源增殖保护费专用于增殖和保护渔业资源。

（2）建立水产种质资源保护区。指国家为了保护渔业资源或某种特定的经济鱼类及其产卵、越冬场所所采取的特殊保护措施的水域。未经国务院渔业行政主管部门批准，任何单位或者个人不得在水产种质资源保护区内从事捕捞活动。

（3）禁止在禁渔区、禁渔期进行捕捞。禁渔区是指国家或地方政府为了保护一些重要的经济鱼类及其他水生动物的产卵场、索饵场、越冬场，规定禁止全部捕捞作业或某种捕捞作业的水域。禁渔期是指国家对一些重要的经济鱼、虾及其他水生动物的产卵场、索饵场、越冬场实行全面禁捕或禁止某种捕捞作业的期间。

（4）禁止使用的渔具、渔法。禁止使用炸鱼、毒鱼、电鱼等破坏渔业资源的方法进行捕捞。禁止制造、销售、使用禁用的渔具。禁止使用小于最小网目尺寸的网具进行捕捞。捕捞的渔获物中幼鱼不得超过规定的比例。

（5）渔业水域环境保护。渔业水域环境是指适宜水生经济动植物生长、繁殖、索饵、越冬的水域自然环境条件。

5. 监督管理制度

国家对渔业的监督管理，实行统一领导，分级管理。统一领导指国家对渔业的监督管理进行统筹考虑，统一安排；分级管理指各级政府应对所管辖的水域实行渔业监督管理。按照我国现行渔业法规的规定，县级以上地方人民政府渔业行政主管部门可设检查人员，有权对各种渔业及渔业船舶的证件、渔船、渔具、渔获物和捕捞方法进行检查。

6. 法律责任

依法追究民事责任、行政责任的，包括炸鱼、毒鱼，偷捕或抢夺人工养殖的水产品的行为等。依法追究刑事责任的：一是炸鱼、毒鱼，在禁渔区、禁渔期进行捕捞，使用禁用工具、方法捕捞，擅自捕捞国家禁止捕捞的珍贵水生动物，情节严重的；二是偷捕、抢夺他人养殖水产品，破坏他人养殖水体、养殖设施，情节严重的；三是拒绝、阻碍渔政检查人员执行职务，偷窃、哄抢或破坏渔具、渔船、渔获物，渔政检查人员玩忽职守或徇私枉法，构成犯罪的。

第四节　农业环境保护法

一、农村环境保护法律规定

（一）农村环境保护法的概念及意义

1. 农村环境保护法的概念

农村环境是指影响农村生物生存和发展的各种天然的和人造的自然因素总体。它包括区域内的农业用地、农业用水、大气和生物、交通道路及居民点、建筑物等。而农村环境保护法是指对保护农村生态环境的所有法律法规的总体。

2. 农村环境保护法的特点及意义

（1）农村环境保护法的特点。①居民点分散，环境保护意识差，不好管理；②缺乏环境规划管理，面源污染严重。

农村环境保护法是相对于城市环境保护法，隶属于区域环境保护法。区域环境保护法可分为一般区域环境保护法（城市环境保护法、农村环境保护法等）和特殊区域环境保护法（自然保护区、风景名胜、森林公园和历史文化区等）。目前农村环境面源污染加剧，故保护农村环境，对促进农村经济发展和农业生态系统良好循环、维持生态平衡、保护农村人民身体健康均具有重要指导意义。

（2）保护农村环境的意义。一是保证农村经济和社会持续、稳定、协调发展的需要。乡村是农村经济、政治、文化教育和生活服务的中心，是沟通城乡物资交流的纽带和桥梁，是乡村区域范围的交通、能源、工商业和文化教育等的集中地。它在保证农村农、林、牧、副、渔业全面发展中起着重要作用，也是农村经济和社会持续、稳定、协调发展的基本物质条件。二是保障农村居民身体健康的需要。农村环境质量的好坏，直接关系到农村居民的身体健康，进而影响到农业生产的发展。为保障农村居民的身体健康，维护社会的安定团结，必须保护和改善乡村环境。

（二）农村环境存在问题及产生原因

概括起来主要有三点：①农村环境污染范围逐渐扩大，污染程度及危害加重；②面源污染严重（主要是粪便、农药、化肥等）；③农村乡镇企业污染（点源污染）加重。因此，加强农村环境保护及其立法非常重要。

（三）保护农村环境法律法规

关于农村环境保护所涉及的法律法规及立法主要有：《中华人民共和国环境保护法》（1989 年）、《中华人民共和国农业法》（2002 年）、《全国生态环境建设规划》（1998 年）、《基本农田保护条例》（1998 年）。另外，相关法律有《土地法》（1998 年）、《村庄和集镇规划建设管理条例》（1993 年）、《水污染防治法》（1996 年颁发，2007 年修订）、国家环保总局 2007 年 5 月 21 日公布的《关于加强农村环境保护工作意见》、《全国污染普查条例》（2007 年 10 月）等。这些就构成了农村环境保护的法律法规。

保护农村环境的主要法律规定总结概括如下。

1. 农村建设用地的规定

《土地管理法》及其实施条例规定乡（镇）村建设应当按照合理布局、节约用地的原则制定规划，经县级人民政府批准执行；城市规划区内的乡（镇）村建设规划，经市人民政府批准执行。农村居民住宅建设，乡（镇）村农业建设，乡（镇）村公共设施、公益事业建设的各乡（镇）村建设，应当按照乡（镇）村建设规划进行。乡村建设应当按照规定的程序报乡级人民政府或县级人民政府批准。

乡（镇）村各项建设应当严格控制占用农业生产用地，不得突破县级以上地方政府下达的乡（镇）村建设用地控制指标。

2. 乡（镇）村规划建设管理的规定

乡（镇）村规划是乡（镇）村建设和管理的基本依据。科学的乡（镇）村规划，对于加强乡（镇）村建设管理，改善村庄、集镇的生产、生活环境，促进农村经济和社会发展具有重要的意义。国务院于 1993 年发布了《村庄和集镇规划建设管理条例》，对村庄和集镇规划建设管理作了具体规定，其主要内容是：

第一，对村庄、集镇规划建设管理，应当坚持合理布局、节约用地的原则。全面规划，正确引导，依靠群众，自力更生，因地制宜，量力而行，逐步建设。

第二，对村庄、集镇规划的编制，由乡级人民政府负责组织。规划的编制，应当遵循统筹兼顾，合理用地、节约用地，有利生产、方便生活，促进乡村生态环境良性循环等原则。

第三，对村庄、集镇规划类型一般分为村庄、集镇总体规划和建设规划。总体规划的主要内容包括：乡级行政的村庄、集镇布点，村庄和集镇的位置、性质、规模和发展方向，村庄和集镇的交通、供水、供电、邮政、商业、绿化等生产和生活服务设施的配置。

第四，对村庄、集镇总体规划和集镇建设规划，须经乡级人民代表大会审查同意，由乡级人民政府报县级人民政府批准；村庄建设规划，须经村民会议讨论同意，由乡级人民政府报县级人民政府批准。

另外，还有农村集镇规划建设的补充规定：①乡政府要编制规划并主管，乡政府批准实施；②保护好饮用水资源，水质达到国家卫生标准；③保护村容村貌，环境卫生，妥善处理粪便、柴堆垛、垃圾堆等；④保护文物古迹建筑设施，军事、邮电、通信、管道等设施不得损坏损失等。

3. 乡镇企业环境管理的规定

为了防治乡镇企业污染，加强对乡镇企业的环境管理，国务院于1984年发布了《关于加强乡镇、街道企业环境管理的规定》，1997年国家环境保护局、农业部、国家计委、国家经贸委联合发布《关于加强乡镇企业环境保护工作的规定》，其主要内容如下：

一是调整企业发展方向，合理安排企业布局。要因地制宜地发展无污染和少污染的行业，在特别保护区内，不准建设污染环境的企业。

二是严格控制新污染源。新建、改建、扩建或转产符合环境保护的法律、法规规定的企业，必须严格执行环境影响评价、"三同时"等制度。

三是坚决制止化工厂、农药厂污染转嫁于农村。

四是禁止乡镇企业新建《关于加强乡镇企业环境保护工作的规定》第二条和国家其他法律法规所规定的必须取缔或者关闭的生产项目。

五是乡镇企业必须严格遵守国家环境保护的法律、法规。必须保护耕地和生态环境，特别要加强对生活饮用水源和灌溉、养殖等水域的保护，不得破坏自然保护区和文物古迹。对已造成污染和破坏的，要限期进行治理和恢复，未完成治理任务的要坚决停产或者关闭。

六是地方各级人民政府要切实加强对乡镇企业的监督管理，县长、乡（镇）长要对本地区的环境质量负责。对乡镇企业从事重污染生产项目，坚持予以取缔或者关闭。如对年生产5 000吨以下的造纸厂、年产折牛皮3万张以下的制革厂和年产500吨以下的染料厂等由县级以上人民政府责令取缔；对土法炼砷、炼汞、炼油、漂染、电镀以及土法生产农药等企业，由县级以上人民政府责令其关闭或停产。严禁非法进口、加工、利用境外固体废物。

综上所述，过去的及现在的对乡镇企业的管理规定主要有：实施环境保护规划制度；环境评价制度；开发利用资源的许可证制度；禁止污染转嫁；严控工业重污染企业；淘汰高能耗企业；完善环境管理，建立责任制；加强重污染点的环境监测；对已污染环境，实行限期治理制度；限制淘汰旧工艺设备；建立排污申请登记、收费管理制度等。

4. 保护农村生态环境的规定

概括起来主要有：保护农村生态环境，防治土壤污染、土地沙化、盐渍化、贫瘠化、沼泽化、水土流失；防治病虫害；合理使用化肥、农药等。

其一，合理利用农业资源，保护土地、水、森林、草原等，合理开发利用水能、沼气、太阳能等清洁能源，发展生态农业，保护和改善农村生态环境，县级以上人民政府要建立农业区划和环境监测制度。

其二，防治农业生态环境污染，科学合理施用化肥、农药和农膜，禁止焚烧秸秆，对造成污染的要限期治理。

其三，要保护好农业资源，主要是保护好土、水、生物资源，搞好水土保持、植树造林、退耕还林还草还湖等，保护好动植物资源。

其四，国家制定下发了《关于加强农村环境保护规定及工作意见》(2007 年 5 月 21 日)。其主要内容是：

①充分认识加强农村环境保护的重要性和紧迫性；

②明确农村环境保护的指导思想、基本原则和主要目标；

③着力解决突出的农村环境问题，如饮用水源地保护，重污染治理，严控工业污染、水产养殖污染、农业面源污染、土壤污染等；

④强化农村环境保护工作措施，如立法、责任制，加大投入，发挥科技作用，加强试点示范、环保队伍建设，加大宣传教育力度等。

5. 关于《全国污染源普查条例》的规定

为科学有效地组织全国污染普查的准确性、及时性，国务院发布了《全国污染源普查条例》（2007 年 10 月 9 日执行）。其主要内容为：

（1）污染源普查的对象、范围、内容和方法等均有具体规定。

（2）污染源普查的实施计划，数据处理和质量控制。

（3）数据发布、资料管理和开发利用等也作出明确规定。

（4）表彰和处罚等附则。

二、农业环境保护法律规定

（一）农业环境的概念和保护农业环境的意义

1. 农业环境的概念

是指农业生物生存和发展的各种天然的和经过人工改造的自然因素的总体，包括农业用地、农业用水、大气和生物等。它是农业生产的基本物质条件，其质量的好坏，直接影响到农业生产力的水平和农业产品的质量与产量。农业环境具有以下基本特性。

（1）整体性农业环境是由各种农业环境要素组成的统一整体，这些环境要素之间是相互联系和相互制约的，其中某一环境要素发生变化，就会引起其他环境要素甚至整个农业环境发生相应的变化。

（2）地域性不同地域组成的农业环境要素之间存在着差异性，因而不同地域的农业环境条件也不相同，这就要求因地制宜地发展农业生产，保护和改善农业环境。

（3）变动性农业环境易受自然因素和人为因素作用的影响，其结构和状态常处于一种不断变化的过程中。当人们的活动使农业环境的改变超过一定限度时，系统的自动调节能力就会失控，导致农业环境质量退化。

2. 保护农业环境的意义

（1）它是保证农业生产持续、稳定、协调发展的需要。当前，我国工业“三废”和乡镇企业废弃物的排放，不合理地使用农药、化肥以及滥用农业自然资源等，造成农业环境污染和生态破坏相当严重，已成为制约农业发展的一个重要因素。为了保证农业持续、稳定、协调发展，必须保护和改善农业环境。

（2）它是促进农业生态系统良性循环的需要。当农业生态系统的结构合理时，该系统的整体功能就能得到充分发挥，从而促进系统的良性循环；当农业环境受到污染和破坏，就会影响到农业生态系统的良性循环，严重的还会造成系统的恶性循环，最终影响农业的发展。

（3）它是保证农、畜、水产品质量和保障城乡人民身体健康的需要。因为组成农业环境的各种要素受到污染后，会影响到农、畜、水产品的质量，通过“食物链”的传递，最终会造成对人体健康的危害，影响到城乡人民的身体健康。

（二）保护农业环境的法律规定

《中华人民共和国环境保护法》（以下简称《环境保护法》）对保护农业环境作了概括性的规定，《中华人民共和国农业法》（2002）（以下简称《农业法》）对农业资源与农业环境保护作了专章规定，国务院于1994年发布了《基本农田保护条例》，其他有关自然资源法律、法规也对农业环境保护作了规定。归纳起来其主要有以下内容。

1. 保护农业生态环境的规定

《中华人民共和国农业法》规定发展农业必须合理利用资源，保护和改善生态环境。各级人民政府应当制定农业环境保护规划，组织农业生态环境治理。国务院《关于环境保护工作的决定》中指出：“要认真保护农业生态环境。各级环境保护部门要会同有关部门积极推广生态农业，防治农业环境的污染和破坏。”

2. 防治农业环境污染的规定

造成农业环境污染的污染源主要有三类：①工业污染源（主要指工矿企业排放的“三废”污染源）；②农业污染源（主要指农业

用化学物质污染源，如农药、化肥、农用薄膜、化学除草剂等）；③城市污染源（主要指城市排入农业环境中的垃圾、生活废水污染源）。加强对农业环境污染源的管理，防治农业环境污染，在农业环境保护中占有极为重要的地位。

《环境保护法》规定，各级人民政府应当加强对农业环境的保护，防止土壤污染，推广植物病虫害的综合治理，合理施用化肥、农药及植物生长调节剂等。

《农业法》规定，农业生产经营组织和农业劳动者应当保养土地，合理施用化肥、农药，增加施用有机肥料，提高地力，防止土地的污染、破坏和地力衰退。

《中华人民共和国水污染防治法》（以下简称《水污染防治法》）规定，向农田灌溉渠道排放工业废水和城市污水，应当保证其下游最近的灌溉取水点的水质符合农田灌溉水质标准；利用工业废水和城市污水进行灌溉，应当防止污染土壤、地下水和农产品。使用农药，应当符合国家有关农药安全使用的规定和标准；运输、存储农药和处置过期失效农药，必须加强管理，防止造成水污染。县级以上人民政府的农业管理部门和其他有关部门，应当采取措施，指导农业生产者科学、合理地使用化肥和农药，控制化肥的过量施用，防止造成水污染。

另外，《中华人民共和国固体废物污染环境防治法》对防止或者减少农用薄膜对环境的污染也作出了规定。

第五节　农民如何使用农药、兽药

一、农药使用的法律规定

《农药管理条例》规定，县级以上地方各级人民政府农业行政主管部门应当加强对安全、合理使用农药的指导，根据本地区农业病、虫、草、鼠害发生情况，制定农药轮换使用规划，有计划地轮换使用农药，减缓病、虫、草、鼠的抗药性，提高防治效果。林业、粮食、卫生行政部门应当加强对林业、储粮、卫生用农药的安全、合理使用的指导。

菜农作为农药的直接使用者应承担下列义务：

(1) 应当遵守农药防毒规程，正确配药、施药，做好废弃物处理和安全防护工作，防止农药污染环境和农药中毒事故。

(2) 应当遵守国家有关农药安全、合理使用的规定，按照规定的用药量、用药次数、用药方法和安全间隔期施药，防止污染农副产品。

剧毒、高毒农药不得用于防治卫生害虫，不得用于蔬菜、瓜果、茶叶和中草药材。

(3) 使用农药应当注意保护环境、有益生物和珍稀物种。严禁用农药毒鱼、虾、鸟、兽等。

任何单位和个人不得生产、经营和使用国家明令禁止生产或者撤销登记的农药。

二、兽药使用的法律规定

1. 用药记录制度

兽药使用单位，应当遵守兽药安全使用规定，建立用药记录。有休药期规定的兽药用于食用动物时，饲养者应当向购买者或者屠宰者提供准确、真实的用药记录；购买者或者屠宰者应当确保动物及其产品在用药期、休药期内不被用于食品消费。

2. 对药物饲料添加剂管理的规定

经批准可以在饲料中添加的兽药，应当由兽药生产企业制成药物饲料添加剂后方可添加。禁止将原料药直接添加到饲料及动物饮用水中或者直接饲喂动物。

3. 兽药使用的禁止性规范

(1) 禁止使用假、劣兽药以及国务院兽医行政管理部门规定禁止使用的药品和其他化合物。

（2）禁止在饲料和动物饮用水中添加激素类药品和国务院兽医行政管理部门规定的其他禁用药品。

（3）禁止将人用药品用于动物。

4. 不良反应报告制度

国家实行兽药不良反应报告制度。兽药生产企业、经营企业、兽药使用单位和开具处方的兽医人员发现可能与兽药使用有关的严重不良反应，应当立即向所在地人民政府兽医行政管理部门报告。

5. 许可证管理制度

兽药生产企业、经营企业停止生产、经营超过6个月或者关闭的，由原发证机关责令其交回兽药生产许可证、兽药经营许可证，并由工商行政管理部门变更或者注销其工商登记。禁止买卖、出租、出借兽药生产许可证、兽药经营许可证和兽药批准证明文件。

第六节　饲料和饲料添加剂的经营和使用规定

农民张某开办了一家养鸡场，经营的红红火火。在饲养过程中摸索出一个有效的饲料配方。张某想将自己的配方饲料推广使用，进一步获取更大效益，但不知道这样做是否符合规定。

【评析】

《饲料和饲料添加剂管理条例》规定，养殖者使用自行配制的饲料须遵守相关规定，并不得对外提供自行配制的饲料。

一、饲料、饲料添加剂经营者的条件和义务

1. 经营主体的条件

根据《饲料和饲料添加剂管理条例》（以下简称《条例》）第二十二条的规定，经营饲料、饲料添加剂的企业应当具备的基本条件包括三个方面：

（1）有与经营饲料、饲料添加剂相适应的经营场所和仓储设施。

（2）有具备饲料、饲料添加剂使用、储存等知识的技术人员。

（3）有必要的产品质量管理和安全管理制度。

2. 经营主体的义务

饲料和饲料添加剂经营者在经营过程中，必须履行《条例》第二十三条规定的以下四项基本义务：

（1）进货时应当查验产品标签、产品质量检验合格证和相应的许可证明文件。

（2）不得对饲料、饲料添加剂进行拆包、分装，不得对饲料、饲料添加剂进行再加工或者添加任何物质。

（3）禁止经营及使用国务院农业行政主管部门公布的饲料原料目录、饲料添加剂品种目录和药物饲料添加剂品种目录以外的任何物质生产饲料。

（4）饲料、饲料添加剂经营者应当建立产品购销台账，如实记录购销产品的名称、许可证明文件编号、规格、数量、保质期、生产企业名称或者供货者名称及其联系方式、购销时间等。购销台账保存期限不得少于 2 年。

二、饲料和饲料添加剂的使用规定

1. 养殖者使用安全要求

（1）养殖者应当按照产品使用说明和注意事项使用饲料。在饲料或者动物饮用水中添加饲料添加剂的，应当符合饲料添加剂使用说明和注意事项的要求，遵守国务院农业行政主管部门制定的饲料添加剂使用规范。

（2）养殖者使用自行配制的饲料的，应当遵守国务院农业行政主管部门制定的自行配制饲料使用规范，并不得对外提供自行配制的饲料。

（3）使用限制使用的物质养殖动物的，应当遵守国务院农业行政主管部门的限制性规定。禁止在饲料、动物饮用水中添加国务院农业行政主管部门公布禁用的物质以及对人体具有直接或者潜在危害的其他物质，或者直接使用上述物质养殖动物。禁止在反刍动物饲料中添加乳和乳制品以外的动物源性成分。

2. 禁止使用违反规定的饲料、饲料添加剂制度

《条例》第二十九条规定，禁止生产、经营、使用未取得新饲料、新饲料添加剂证书的新饲料、新饲料添加剂以及禁用的饲料、饲料添加剂。

禁止经营、使用无产品标签、无生产许可证、无产品质量标准、无产品质量检验合格证的饲料、饲料添加剂。禁止经营、使用无产品批准文号的饲料添加剂、添加剂预混合饲料。禁止经营、使用未取得饲料、饲料添加剂进口登记证的进口饲料、进口饲料添加剂。

3. 安全公告、报告制度

《条例》第二十七条规定，饲料、饲料添加剂在使用过程中被证实对养殖动物、人体健康或者环境有害的，由国务院农业行政主管部门决定禁用并予以公布。

如果生产企业发现其生产的饲料、饲料添加剂对养殖动物、人体健康有害或者存在其他安全隐患的，应当立即停止生产，通知经营者、使用者，向饲料管理部门报告，主动召回产品，并记录召回和通知情况。召回的产品应当在饲料管理部门监督下予以无害化处理或者销毁。

如果经营者发现其销售的饲料、饲料添加剂具有上述情形的，应当立即停止销售，通知生产企业、供货者和使用者，向饲料管理部门报告，并记录通知情况。

如果养殖者发现其使用的饲料、饲料添加剂具有上述情形的，应当立即停止使用，通知供货者，并向饲料管理部门报告。

第十三章　动植物检疫和农产品质量安全法律制度

第一节　动物防疫制度

一、饲养动物的注意事项

1. 强制免疫

饲养动物的单位和个人应当依法履行动物疫病强制免疫义务，按照兽医主管部门的要求做好强制免疫工作。

2. 加施畜禽标识

经强制免疫的动物，养殖者应当按照国务院兽医主管部门的规定加施畜禽标识。

3. 消毒

从事动物饲养、屠宰、经营、隔离、运输以及动物产品生产、经营、加工、贮藏等活动的单位和个人，应当依照新《中华人民共和国动物防疫法》（简称“动物防疫法”）和国务院兽医主管部门的规定，做好消毒等工作。

4. 符合动物防疫条件

动物饲养场（养殖小区）和隔离场所，动物屠宰加工场所，以及动物和动物产品无害化处理场所，应当符合动物防疫条件，并依法取得动物防疫条件合格证。

经营动物、动物产品的集贸市场应当具备国务院兽医主管部门规定的动物防疫条件，并接受动物卫生监督机构的监督检查。

5. 符合健康标准

种用、乳用动物和宠物应当符合国务院兽医主管部门规定的健康标准。

6. 符合防疫要求

动物、动物产品的运载工具、垫料、包装物、容器等应当符合国务院兽医主管部门规定的动物防疫要求。

染疫动物及其排泄物、染疫动物产品，病死或者死因不明的动物尸体，运载工具中的动物排泄物以及垫料、包装物、容器等污染物，应当按照国务院兽医主管部门的规定处理，不得随意处置。

二、动物疫情的报告、通报和公布

（一）动物疫情的报告

1. 动物疫情的责任报告人

具有动物疫情报告义务的单位和个人，主要包括从事动物疫情监测、检验检疫、疫病研究、动物诊疗、动物饲养、动物屠宰、动物经营、动物隔离、动物运输的单位和个人。责任报告人以外的其他单位和个人，发现动物染疫或者疑似染疫的，也有报告动物疫情的义务，但他们与责任报告人在承担不报告动物疫情的法律责任不同。

在此特别提醒：农民作为动物饲养人，是有义务报告动物疫情的。

2. 动物疫情的报告时机

报告时机是“发现动物染疫或者疑似染疫”时，即发现动物出现发病急或者连续发病，传播快、死亡率高或者连续死亡，生产性能下降明显、常规治疗和防控措施无效等异常情况。染疫是指动物患传染性疾病；疑似染疫，是指尚未确诊，但有症状或症候表明动物可能染疫。

3. 接受动物疫情报告的部门

包括当地兽医主管部门、当地动物卫生监督机构和动物疫病预防控制机构。动物疫情报告实行“方便报告人”原则，即由报告人选择向某一机构报告，而不是向三个机构都报告。非上述三个机构的其他单位和个人获取有关动物疫情信息的，应当立即向当地三个兽医机构之一报告，并移送有关材料。

4. 采取控制措施

在疫情报告阶段，采取控制措施包括两方面：一是责任报告人在报告动物疫情的同时，应当采取将染疫、疑似染疫动物与其他动物隔离、不得出售等措施，做到防止动物疫情扩散。二是当地兽医主管部门、动物卫生监督机构或者动物疫病预防控制机构中的任何单位应当立即派技术人员以及动物卫生监督执法人员赶赴现场，按有关规定及时采取必要的行政和技术控制处理措施。在动物疫情报告阶段，对于是否扑杀染疫动物及同群动物，应当采取慎重的态度。如果疑似重大动物疫情，应当按照《重大动物疫情应急条例》以及农业部的有关规定，报请当地县级以上人民政府做出封锁决定并采取扑杀、销毁等措施，有关单位和个人应当执行。

（二）动物疫情的通报和公布

动物疫情信息是重要的社会公共信息，不仅影响养殖业，还事关社会稳定和国际影响。对动物疫情的知情权，是公民的一项重要权利，让公民知晓动物疫情是政府应尽的义务。

动物疫情的公布权在国务院兽医主管部门（即农业部），农业部也可以根据需要，视动物疫病种类及其危害等情况，授权省、自治区、直辖市人民政府兽医主管部门公布本行政区域内的动物疫情。公布的方式包括报纸、杂志、电视、电台、网络等。

其他任何单位和个人不得擅自发布动物疫情信息。擅自发布动物疫情信息的，将受到法律制裁，承担相应的法律责任。

三、动物疫情的控制和扑灭

1. 一类动物疫病的控制和扑灭

发生一类动物疫病时应当采取下列控制、扑灭措施。

（1）划定疫点、疫区、受威胁区。

（2）调查疫源。当地县级以上地方人民政府兽医行政主管部门应当立即派人到现场，调查疫源，查明动物疫病的发病原因；对不能查明的应当做出科学的判断。

（3）下达封锁令。封锁既是切断传播途径的重要技术措施，又是严厉的行政措施，在封锁期间，禁止染疫、疑似染疫和易感染的动物、动物产品流出疫区，禁止非疫区的易感染动物进入疫区。

（4）采取封锁、隔离、扑杀、销毁、消毒、无害化处理、紧急免疫接种等强制性措施，迅速扑灭疫病。

2. 二类动物疫病的控制和扑灭

发生二类动物疫病时，由当地县级以上人民政府根据需要来决定是否采取封锁、隔离、扑杀、销毁、消毒、无害化处理、紧急免疫接种、限制易感染的动物和动物产品及有关物品出入等控制、扑灭措施。农业部规定必须扑杀的，当地县级以上人民政府必须决定采取扑杀措施。二类动物疫病，通常不封锁疫区；对同群动物，通常不采取扑杀措施。

发生二类动物疫病时，由于不一定采取扑杀，所以隔离措施就十分重要。与发生一类动物疫病时的隔离不同，此处的隔离，是将未被扑杀的染疫动物、疑似染疫动物及其同群动物与其他动物分开，应另选独立的封锁场所，按农业部规定的防治技术规范进行接种和治疗等，防止传染其他动物。其他措施同一类动物疫病的处理措施。

3. 三类动物疫病的控制和扑灭

发生三类动物疫病时，县、乡（镇）人民政府应当按照农业部的规定，组织防疫部门及动物养殖者等进行防治和净化。发生三类动物疫病时的防控措施，主要是针对疫点进行。通常首先是隔离，禁止该疫点动物及其产品出售；其次，采取消毒、药物治疗、免疫等措施；再次，如果效果不好，因继续饲养往往得不偿失，建议养殖者对动物急宰、作排酸等无害化处理。

4. 重大动物疫情的控制和扑灭

近年来，全球重大动物疫病屡屡发生，我国一些地区也相继发生了高致病性禽流感、高致病性蓝耳病等重大动物疫情，给养殖业生产造成了沉重打击，严重威胁着人体健康。根据《重大动物疫情应急条例》的规定，重大动物疫情是指高致病性禽流感等发病率、死亡率高的动物疫情以及其他一、二、三类动物疫病突然发生、迅速传播，给养殖业生产安全造成严重威胁、危害，以及可能对公众身体健康与生命安全造成危害的情形，包括特别重大动物疫情。

四、动物检疫

（一）产地检疫

产地检疫是指动物、动物产品在出售或调运离开产地前由法定检疫人员实施的检疫。对于一般供屠宰的动物，以临床检查为主；对于种用、乳用、实验和役用动物，除临床检查外，尚需按规定进行实验室检验。

（二）屠宰检疫

被宰动物在进入屠宰场点时，由动物卫生监督机构派驻的检疫人员对动物的数量、免疫标识、临床状况、运载工具牌号进行检查、登记，向畜主索要检疫证明和运载工具消毒证明进行核对，对没有检疫证明、检疫证明无效、证物不符等情况的动物进行处理，对运载工具实施消毒。

1. 宰前检疫

宰前检疫指动物在进入待宰圈和屠宰前期间，对待宰动物所进行的动、静、饮食等状态的临床检查，剔出异常个体做进一步隔离观察，对健康动物准予屠宰的过程。依据相关规定：畜禽屠宰临宰前应行 12～24 小时断食休息，但需充分给水至宰前 3 小时为止。家畜在宰前应进行测温和临床观察，家禽及家兔一般只做临床观察，必要时均可进行细菌学检验、血清学检验和变态反应。

宰前检疫后的处理。主要包括：①准宰：经检疫确定为健康的动物，准予屠宰。②禁宰：凡国家禁宰或命令保护的动物一律禁止屠宰，按有关规定移交处理。确诊为烈性传染病的动物，一律不准屠宰，按《病害动物和病害动物产品生物安全处理规程》（GB 16548－2006）处理。③急宰：确认为无碍食肉安全、患普通病或一般性传染病的动物，应送往急宰间急宰。④缓宰：经检疫确认为一般性传染病和其他疾病且有治愈希望的，或者有疑似传染病而未确诊的动物应预缓宰。⑤扑杀销毁：凡疑似或确诊为口蹄疫、高致病性禽流感等传染病的动物应立即扑杀销毁。

2. 宰后检疫

宰后检疫是指对进入屠宰间的动物在屠宰加工过程中实施的同步检疫。宰后检疫是利用解剖学技术对动物屠宰后的胴体、内脏、头、蹄，甚至皮张等实行的同时、等速、对照的集中检验，以发现处于潜伏期或症状不明显的患病动物的过程。

五、动物防疫的保障措施

县级以上人民政府按照本级政府职责，将动物疫病预防、控制、扑灭、检疫和监督管理所需经费列入本级财政预算。动物防疫工作预防为主，常备不懈。县级以上人民政府应当储备动物疫情应急处理工作所需的防疫物资。包括：①药品、医疗机械和储备；②其他物资的储备、隔离、卫生防护用品、消毒设备等。

对在动物疫病预防和控制、扑灭过程中强制扑杀的动物、销毁的动物产品和相关物品，县级以上人民政府应当给予补偿。因依法实施强制免疫造成动物应激死亡的，给予补偿。具体补偿标准和办法由国务院财政部门会同有关部门制定。动物防疫补偿有利于帮助当事人维持生活和恢复生产，从而使当事人积极配合控制疫情。

动物防疫补偿的范围包括在动物疫病控制、扑灭中的下列情形：①强制扑杀的动物；②销毁的动物产品和相关的物品；③依法实施强制免疫造成应激死亡的动物。动物防疫补偿由县级以上人民政府给予，列入财政预算。补偿标准和办法由国务院财政部门会同有关部门制定。

第二节　植物检疫制度

一、植物检疫的概述

植物检疫以立法手段防止植物及其产品在流通过程中传播有害生物的措施。植物保护工作的一个方面，其特点是从宏观整体上预防一切（尤其是本区域范围内没有的）有害生物的传入、定植与扩展。由于它具有法律强制性，在国际文献上常把“法规防治”、“行政措施防治”作为它的同义词。

中国的植物检疫始于 20 世纪 30 年代。1949 年以后，在对外贸易部商品检验局下设置了植物检疫机构，建立中国统一的植物检疫制度，颁布了“输出/输入植物病虫害检验暂行办法”，并陆续在中国海陆口岸开展对外植物检疫工作；国内植物检疫则由农业部管理。

二、植物检疫的实施与处理

（一）实施

根据有害生物的分布地域性、扩大分布为害地区的可能性、传播的主要途径、对寄主植物的选择性和对环境的适应性，以及原产地自然天敌的控制作用和能否随同传播等情况制订。其内容一般包括检疫对象、检疫程序、技术操作规程、检疫检验和处理的具体措施等，具有法律约束力。法规对进口植物材料的大小、年龄和类型，检疫对象的已知寄主植物、转主寄主、第二寄主或贮主，包装材料，以及可以或禁止从哪些国家或地区进口、只能经由哪些指定的口岸入境和进口的时间等，也有相应的规定。除国家制订的法规外，国际间签订的协定、贸易合同中的有关规定，也同样具有法律约束力，国际上通行的植物检疫法规，有综合的和单项的两种形式。

（二）处理

通过检疫检验发现有害生物后，一般采取以下处理措施：①禁止入境或限制进口。在进口的植物或其产品中，经检验发现有法规禁运的有害生物时，应拒绝入境或退货，或就地销毁。有的则限定在一定的时间或指定的口岸入境等。②消毒除害处理。对休眠期或生长期的植物材料，到达口岸时用农药进行化学处理或热处理。③改变输入植物材料的用途。对于发现疫情的植物材料，可改变原订的用途计划，如将原计划用途的材料在控制的条件下进行加工食用，或改变原定的种植地区等。④铲除受害植物，消灭初发疫源地。一旦危险性有害生物入侵后，在其未广泛传播之前，就将已入侵地区划为“疫区”严密封锁，是检疫处理中的最后保证措施。

第三节　农产品质量安全监督管理

农产品质量安全状况关系人民群众的身体健康，关系社会的和谐稳定，关系农业发展和农民增收。确保农产品质量安全，责任重大。党中央、国务院对此高度重视。自 2001 年实施“无公害食品行动计划”以来，各级农业部门在各级党委和政府的领导下，认真贯彻农产品质量安全法律法规，狠抓农产品产地环境净化、生产过程控制和市场准入管理等，大力推进农产品质量安全标准、检测、认证体系建设，积极发展无公害农产品、绿色食品和有机农产品，创建无公害农产品生产示范基地和农业标准化示范县（场），我国农产品的质量安全水平有了较大幅度的提高，主要农产品质量安全抽检合格率达到90%以上。2006年，《农产品质量安全法》颁布实施，我国农产品质量安全工作进入到全面依法实施监管的新阶段。按照农产品质量安全法律法规的规定，各级农业部门肩负着加强农产品生产、经营监管和公共服务的重要任务。因此，我们必须清楚农产品质量安全从中央到地方的职责分工，以及监管的环节、重点和处罚措施。同时，作为与之相关的生产者和消费者在遇到有关农产品质量安全问题时，应该知道如何处理。

一、农业部门的职责

《农产品质量安全法》第二条规定，县级以上人民政府农业行政主管部门负责农产品质量安全的监督管理工作；县级以上人民政府有关部门按照职责分工，负责农产品质量安全的有关工作。这样就规范和明确了农业行政主管部门依法监管，其他有关部门分工负责的农产品质量安全管理体制。按照我国宏观管理体制的大背景，在农产品质量安全管理中还涉及有关部门，如工商、质检、环保、卫生、食药等部门。从中央到地方，具体分工大致如下：

地方各级农业部门主要负责人是本地区农产品质量安全监管工作的第一责任人。负责本地区农产品质量安全监管工作的组织领导、队伍建设、经费保障和责任落实等工作。

地方各级农业部门分管负责人是其分管范围内农产品质量安全工作的直接领导责任人。主要负责组织制定本地区农产品质量安全年度计划和中长期发展规划，研究部署农产品质量安全管理工作，定期组织分析农产品质量安全形势，协调解决农产品质量安全管理工作中的重大问题，督促检查农产品质量安全工作落实情况和重大农产品质量安全事故和事件的应急处置等工作。

地方各级农业部门有关内设职能机构的主要负责人是其责任范围内农产品质量安全工作的直接责任人。负责职责范围内农产品质量安全工作规划、计划的制订、组织实施、督促检查和应急处置等工作。

如果按责任进行划分的话，可以划分为：

（1）组织领导责任。各级农业部门主要负责人要主动向政府汇报，积极争取党委、政府及计划、财政等有关部门的支持，为农产品质量安全工作提供组织、机构、人员和经费保障。

（2）科学决策责任。负责农产品质量安全的牵头部门要组织成立农产品质量安全专家组，负责对农产品质量安全重大事故或造成严重影响的农产品质量安全事件进行核查、技术鉴定及科学咨询等具体工作，为科学决策提供依据。

（3）质量安全监督责任。负责监督管理的部门要制定农产品质量安全监测计划，定期组织开展农产品质量安全监测，每年不少于三次。重大节日前应当开展市场监督检查。例行监测和监督抽查结果要及时汇总分析上报。

（4）信息发布职能。省级农业部门要建立农产品质量安全信息发布制度，依法规范信息发布工作，行业部门要及时将信息报至牵头部门。牵头部门要适时发布农产品质量安全信息。

（5）检测体系建设责任。检测机构管理部门要加强对农产品质量安全检验检测机构的管理，建立健全农产品质量安全检测体系。对申请农产品质量安全检测的机构，要按照规定及时组织考核并加强监管。

（6）标准制定与实施责任。农业标准化管理部门要及时组织制定保障农产品质量安全的生产技术要求和操作规程，建立农业标准化示范区，推行标准化生产。

（7）生产管理责任。农业技术推广部门要及时向农业生产者推广保障农产品质量安全的生产技术，帮助农业生产者掌握相关技术，按照技术操作规程进行生产管理。

（8）生产记录责任。农业技术推广部门要对农产品生产企业和农民专业合作经济组织落实生产记录制度进行指导和检查。

(9) 投入品监管责任。农业投入品监管部门要制定农业投入品年度监督抽查计划，对可能危及农产品质量安全的农药、兽药、饲料和饲料添加剂、肥料等农业投入品进行监督抽查。每年至少安排两次，并依法公布抽查结果。

(10) 市场检查责任。农产品市场管理部门要对农产品批发市场建立检测、报告制度的情况进行监督检查，督促其建立健全规章制度。

(11) 包装标识监管责任。农业标准化管理部门要按照农产品包装和标识管理办法，开展对农产品包装和标识的监督检查，推行农产品包装和标识制度。

(12) 检验检测责任。承担农产品质量安全检验检测工作的机构要及时完成农产品质量安全检验检测任务，并保证检测数据的科学准确。

(13) 认证监管责任。农产品认证机构（含具体承办机构）要对其认证过程和结果的有效性负责。农产品认证机构要对其认证的产品、服务、管理体系实施有效的跟踪调查，认证的产品、服务、管理体系不能持续符合认证要求的，认证机构应当及时暂停或建议暂停使用，直至撤销证书，并予公布。

(14) 普法宣传责任。农业政策法规部门要把《农产品质量安全法》作为“五五”普法的重要内容，广泛宣传农产品质量安全法律知识。

(15) 教育培训责任。农业科教部门要将农产品质量安全知识和技能培训纳入农业（农民）教育培训计划，将农产品质量安全科学技术研究纳入农业科研计划。

(16) 执法检查责任。农业行政执法机构对农产品质量安全事故，要及时组织调查，查清事实真相，依法予以处理或者提出处理建议。

二、农产品质量安全监管

加强农产品质量安全监管工作，是新世纪新阶段加快发展优质、高产、高效、生态、安全农产品生产，推进现代农业建设的重要举措，是坚持以人为本、对人民负责的具体体现。自2006年以来，国内出现了福寿螺引发广州管圆线虫病、红心鸭蛋含致癌物质苏丹红、多宝鱼药物残留超标等食品质量安全事件，引发了社会对农产品质量安全的普遍关注。中央一号文件曾明确提出，要在重点地区、品种、环节和企业，加快推行标准化生产和管理。实行农药、兽药专营和添加剂规范使用制度，实施良好农业操作规范试点。继续加强农产品生产环境和产品质量检验检测，搞好无公害农产品、绿色食品、有机食品认证，依法保护农产品注册商标、地理标志和知名品牌。其中，监管重点是农产品产地环境、农业投入品、农业生产过程、包装标识和市场准入等五个环节的管理。

(1) 产地环境。重点解决化肥、农药、兽药、饲料等农业投入品对农业生态环境和农产品的污染。全面开展农产品重点生产基地环境监测，采取切实有效的农业生态环境净化措施，保证农产品的产地环境符合要求，从源头上把好农产品质量安全关。《农产品质量安全法》第四十五条规定，违反法律、法规规定，向农产品产地排放或者倾倒废水、废气、固体废物或者其他有毒有害物质的，依照有关环境保护法律、法规的规定处罚；造成损害的，依法承担赔偿责任。

(2) 农业投入品。按照《农药管理条例》《兽药管理条例》《饲料和饲料添加剂管理条例》等有关规定，健全农业投入品的市场准入制度，严格农业投入品的生产、经营许可和登记。通过市场准入管理，引导农业投入品的结构调整与优化，逐步淘汰高残毒农业投入品品种，发展高效低残毒品种。《农药管理条例》第四十条规定，未取得农药登记证或者农药临时登记证，擅自生产、经营农药的，或者生产、经营已撤销登记的农药的，责令停止生产、经营，没收违法所得，并处违法所得1倍以上10倍以下的罚款；没有违法所得的，并处10万元以下的罚款；农药登记证或者农药临时登记证有效期限届满未办理续展登记，擅自继续生产该农药的，责令限期补办续展手续，没收违法所得，可以并处违法所得5倍以下的罚款；没有违法所得的，可以并处5万元以下的罚款；逾期不补办的，由原发证机关责令停止生产、经营，吊销农药登记证或者农药临时登记证。《兽药管理条例》第五十六条规定，无兽药生产许可证、兽药经营许可证生产、经营兽药的，或者虽有兽药生产许可证、兽药经营许可证，生产、经营假、劣兽药的，或者兽药经营企业经营人用药品的，责令其停止生产、经营，没收用于违法生产的原料、辅料、包装材料及生产、经营的兽药和违法所得，并处违法生产、经营的兽药（包括已出售的和未出售的兽药，下同）货值金额2倍以上5倍以下罚款，货值金额无法查证核实的，处10万元以上20万元以下罚款；无兽药生产许可证生产兽药，情节严重的，没收其生产设备；生产、经营假、劣兽药，情节严重的，吊销兽药生产许可证、兽药经营许可证；构成犯罪的，依法追究刑事责任；给他人造成损失的，依法承担赔偿责任。生产、经营企业的主要负责人和直接负责的主管人员终身不得从事兽药的生产、经营活动。

（3）生产过程。指导农产品生产、经营者严格按照标准组织生产和加工，科学合理使用化肥、农药、兽药、饲料等农业投入品和灌溉、养殖用水。要加快推广先进的动植物病虫害综合防治技术，推广高效低残毒农药、兽药、饲料添加剂品种，推广配方施肥技术和有机肥、复混专用肥。《农产品质量安全法》第四十五条规定，使用农业投入品违反法律、行政法规和国务院农业行政主管部门的规定的，依照有关法律、行政法规的规定处罚。《农药管理条例》第四十条规定，不按照国家有关农药安全使用的规定使用农药的，根据所造成的危害后果，由农业行政主管部门给予警告，可以并处3万元以下的罚款。《兽药管理条例》第六十二条规定，未按照国家有关兽药安全使用规定使用兽药的、未建立用药记录或者记录不完整真实的，或者使用禁止使用的药品和其他化合物的，或者将人用药品用于动物的，责令其立即改正，并对饲喂了违禁药物及其他化合物的动物及其产品进行无害化处理；对违法单位处1万元以上5万元以下罚款；给他人造成损失的，依法承担赔偿责任。《饲料和饲料添加剂管理条例》第二十九条规定，违反本条例规定，不按照国务院农业行政主管部门的规定使用饲料添加剂的，由县级以上地方人民政府饲料管理部门责令立即改正，可以处3万元以下的罚款。《农产品质量安全法》第四十七条规定，农产品生产企业、农民专业合作经济组织未建立或者未按照规定保存农产品生产记录的，或者伪造农产品生产记录的，责令限期改正；逾期不改正的，可以处2 000元以下罚款。

（4）包装标识。逐步推行产品分级包装上市，对包装上市的农产品，要标明产地和生产单位，建立农产品质量安全追溯制度。凡列入农业转基因生物标识管理目录的产品，要严格按照农业转基因生物标识管理规定，予以正确的标识或标注。《农产品质量安全法》第四十八条规定，违反本法第二十八条规定，销售的农产品未按照规定进行包装、标识的，责令限期改正；逾期不改正的，可以处2 000元以下罚款。《农业转基因生物安全管理条例》第五十二条规定，违反本条例关于农业转基因生物标识管理规定的，由县级以上人民政府农业行政主管部门依据职权，责令限期改正，可以没收非法销售的产品和违法所得，并可以处1万元以上5万元以下的罚款。

（5）市场准入。在生产基地、批发市场，要逐步建立农产品自检制度。产品自检合格，方可投放市场或进入无公害农产品专营区销售。《农产品质量安全法》第四十九条规定，使用的保鲜剂、防腐剂、添加剂等材料不符合国家有关强制性的技术规范的，责令停止销售，对被污染的农产品进行无害化处理，对不能进行无害化处理的予以监督销毁；没收违法所得，并处2 000元以上2万元以下罚款。第五十条规定，农产品生产企业、农民专业合作经济组织销售的五类禁止销售的农产品，责令停止销售并追回已经销售的农产品，对违法销售的农产品进行无害化处理或者予以监督销毁；没收违法所得，并处2 000元以上2万元以下罚款。

三、农产品质量安全申投诉

关于农产品质量安全申投诉问题，可能涉及生产者、销售者和消费者三类群体，大体可以分为两种申投诉类型：

一是作为生产者或销售者，若遇到对检测机构的检测结果有异议，可以及时向农业行政主管部门进行投诉。《农产品质量安全法》第三十六条规定，农产品生产者、销售者对监督抽查检测结果有异议的，可以自收到检测结果之日起五日内，向组织实施农产品质量安全监督抽查的农业行政主管部门或者其上级农业行政主管部门申请复检。采用国务院农业行政主管部门会同有关部门认定的快速检测方法进行农产品质量安全监督抽查检测，被抽查人对检测结果有异议的，可以自收到检测结果时起四小时内申请复检。复检不得采用快速检测方法。因检测结果错误给当事人造成损害的，依法承担赔偿责任。

二是作为一名消费者，如果在市场上买到假冒劣质的农产品，可以与经营者协商和解，或请求消费者协会调解，也可以向主管部门申诉，或者根据与经营者达成的仲裁协议提请仲裁机构仲裁，以上都未能解决，则可以向人民法院提起诉讼。按照《农产品质量安全法》第五十四条的规定，如果在批发市场购买的农产品，可以向批发市场直接要求索赔。这里要提醒消费者，在消费购物时，一定要索取发票，并尽可能地保存购买发票、农产品包装以及因问题农产品导致就诊的各类票据、病历等相关证据。

主要参考文献

法律出版社法规中心.2009. 中华人民共和国农村土地承包法案例解读本［M］. 北京：法律出版社.

付丽洁.2007. 法律基础与农村政策法规［M］. 北京：中国农业出版社.

顾功耘.2006. 经济法教程［M］. 上海：上海人民出版社.

郭海霞.2010. 农村法律大讲堂——农业生产资料法律知识［M］. 北京：中国农业出版社.

何宝玉.2002. 中华人民共和国农村土地承包法释义及实用指南［M］. 北京：中国民主法制出版社.

黄河，马治选.2005. 土地法教程（高等政法院校规划教材）［M］. 北京：中国政法大学出版社.

黄京平.2007. 刑法案例教程［M］. 上海：复旦大学出版社.

姜明安.2015. 行政诉讼法教程［M］. 北京：中国法制出版社.

王娟，李惠军.2016. 法律基础与农村政策法规［M］. 郑州：中原农民出版社.

韦洪发.2011. 新农村法律基础教程［M］. 长春：吉林大学出版社.

中央农业广播电视学校.2016. 法律基础与农村法规［M］. 北京：中国农业出版社.